孙大伟 等 / 著

诚信社会的司法指数研究

2019

A Research on the Judicial Index of Integrity Society

上海社会科学院出版社
SHANGHAI ACADEMY OF SOCIAL SCIENCES PRESS

前　　言

　　近年来,改革开放带来了经济发展和社会稳定,我国的综合国力和社会文明程度大幅提升。"仓廪实而知礼节",物质文明的进步在带动精神文明提升的同时,精神文明建设也会为经济发展等各项活动指明方向,增加动力。

　　伴随着依法治国进程的不断深入,我国越来越重视与法律相辅相成的道德水准的提升,良法善治离不开高素质的公民,而诚信建设则是其中的重要方面。大力推动诚信社会建设,不仅能够使我国在市场化、法制化的道路上走得更远,也将使我国在国际社会获得更大的认同与信誉。在相当长的时期内,加强包括个人诚信、企业诚信以及司法诚信等在内的诚信社会建设,具有提纲挈领的作用,有助于促进我国整体能级的全方位提升。

　　有鉴于此,本研究将对我国现实中的涉欺诈案件加以考察,以从一个侧面反映我国诚信社会建设的现状,并查找其中存在的问题,提出相应的解决建议。我国现阶段的涉欺诈案件与经济发展呈现正相关关系,此类案件的发生将对我国的诚信社会建设产生持续压力。为此,有必要通过制度化手段、对涉欺诈案件进行规制,特别是通过司法机关在实体和程序两方面的努力,对守信行为加以激励,并对违约、背信行为进行约束。

　　本研究系上海社会科学院"法治中国司法指数"课题的子课题之一,课题组成员系上海社会科学院法学研究所相关研究人员及在读研究生。上篇民事领域欺诈案件的司法指数由孙大伟、张优优、漆昱辛完成,下篇刑事领域诈骗罪的司法指数由孟祥沛、刘高宁完成。我们深知,现有的研究非常不完善,因此希望目前的工作能够抛砖引玉,也恳请各位读者以及相关专业人士不吝赐教,以推动相关研究向更为深广的维度前进。

上海社会科学院诚信社会司法指数课题组

2020 年 2 月 8 日

目　　录

下编　刑事领域诈骗罪的司法指数

民事领域涉欺诈案件的司法指数

导　　言

　　诚信社会建设是我国社会主义市场经济体制和社会治理体系的重要组成部分。[①]改革开放以来的经济迅速发展,为我国持续繁荣奠定了物质基础;而国民素质的不断提升,也为经济和社会的转型发展提供了有力保障。就经济和社会发展的自身规律以及长远趋势而言,在既有法治建设的基础上,着重进行诚信社会建设,将成为我国建立和完善社会主义市场经济体制的内在需求。[②]特别是在我国面临经济转型升级,以及外部经济环境存在较多矛盾和不确定性因素的情况下,诚信社会的建设有助于我们实现更有质量的增长,同时不断提升国民素质与基础性营商环境。本书以诚信社会建设为关注目标,主要通过对作为诚信社会建设之一环的"涉欺诈案件"的考察,将各省、直辖市和自治区作为研究对象,从一个侧面反映出我国诚信社会建设的现状及存在的问题。数据来源为2017年度全国中级及以上人民法院公布的案件。

　　一般地,通过民事领域的案件对我国社会的整体诚信状况加以描述,可以考虑从以下两方面加以推进:一方面,正向考察,即以案由为基础,通过检索发生在我国的合同、物权、金融、知识产权、劳动以及市场竞争等领域的案件,对其发案率、所涉民事主体、发生领域等进行探究,以此反映我国社会的整体诚信状况;另一方面,反向考察,即通过对破坏社会诚信案件的考察,直接发现存在问题比较突出的领域,分析其成因,并提出相应的解决方案。上述两项工作,对于通过案件的检索探讨我国诚信社会的发展水平,都是十分重要的。本书采取的是以反向考察为主,辅之以正向考察的方式。首先,以各省份作为基本单位,通过对民事领域涉欺诈案件以及刑事案件中欺诈案件的检索、统计,

---

①　参见伍志燕:《社会诚信建设与中国特色社会主义文化大发展大繁荣研究》,《学习论坛》2014年第1期。

②　参见柯燕青:《新常态下的我国诚信体系建设研究》,《现代管理科学》2017年第11期。

以期从一个侧面反映出我国诚信社会建设的现状及存在的问题。[1] 其次,通过对一类具体案件的考察,即对民事领域民间借贷案件的分析,以正面考察的方式,试图对该领域所反映出的各地诚信状况进行描述,在此基础上分析民间借贷领域涉欺诈案件反映出的问题,进而提出初步的解决建议。

通过对作为我国诚信社会建设侧面的"涉欺诈案件"以及具体领域的考察,可以发现,我国诚信社会所具有的阶段性特征:一方面,基于涉欺诈案件与经济发展呈现的正相关关系,此类案件的持续发生仍将对我国的诚信社会建设产生持续的压力;另一方面,无论是合同领域还是在批发零售行业案件高发,均与当下我国经济、社会发展紧密相关。为此,有必要通过制度化手段,对涉欺诈案件进行规制,[2]特别是通过司法机关在实体和程序两方面的努力,对守信行为加以激励,并对违约、背信行为进行约束。[3] 对于民事、刑事等相关领域涉欺诈案件的规制,不仅有助于促进社会主义市场经济体系的完善,提升国家的整体竞争力以及促进社会进步,同时也能够有效地促进个人参与经济、社会等各方面的交往,对于在全社会范围内树立诚信理念、形成守信观念都具有重要意义。

---

[1] 当然,这种方式可能会被认为反映的问题不够全面,或者欠缺对正向考察所具有的直接性,但一定程度上,这种"管中窥豹"的方式,也能够让我们以比较便捷的方式展现我国诚信社会建设中的成绩和问题,进而有助于构建我国诚信社会实际状况的一般图景。

[2] 参见张子谦:《大数据时代社会诚信体系的制度建设》,《征信》2016 年第 9 期。

[3] 参见黄娅琴:《我国惩罚性赔偿制度的司法适用问题研究》,《法学论坛》2016 年第 4 期。

第一章　民事涉欺诈案件
地域分布

第一节　数据说明

在我们统计的数据中，2017 年全国中级及以上人民法院公布的涉欺诈案件数量共计 9 639 件。对于涉欺诈案件，我们首先对各省份中级以上人民法院判决案件总数进行排名，这是对于社会诚信情况最直观、最直接的描述。此外，我们进行分析的很多指标不是绝对的案件数量，因为各地区的经济、人口、面积不同，导致了被比较案件的绝对数量存在着较大的差距，也使分析比较难以进行。为此，在数据分析与比对工作中，我们将较多地使用比例数据，例如每百万人口发生欺诈案件比率、涉欺诈案件获赔比例等指标，以期实现各省、自治区、直辖市（简称省份）之间涉欺诈案件情况的比较。

由此，本研究以"中国裁判文书网"上的民事案件判决书为检索对象，对 2017 年度（自 2017 年 1 月 1 日—12 月 31 日）所有裁判文书中法院查明事实以及理由部分包含有"欺诈"两字的民事判决进行检索，并将判决文书的检索范围确定为各省份中级及高级法院审理的全部一审、二审与再审案件。基于上述限定条件，我们共获得各省份涉欺诈民事案件 9 639 件，并以其作为分析样本。本报告从案件情况、行为特征以及法律适用等三个方面出发设定统计指标，其中包括原告身份、被告身份等共 65 项内容。在此基础上，我们对所收集的案件进行逐案分析，并通过相关统计软件对所有案例进行汇总，逐步建立"2017 年中国民事涉欺诈案件数据库"，以作为本研究报告统计、排名和分析的依据。之所以选择民事类涉欺诈案件作为对象进行考察，主要有以下两方面考虑：

第一，民事涉欺诈案件关系到诚信社会建设的多个领域。譬如，流通领域（批发零售、住宿餐饮、服务行业等）、金融领域（内幕交易、金融欺诈、制售假保单等）、价格领域（价格欺诈等）存在的欺诈案件，反映出商务诚信建设的现实及其问题；劳动用工领域（劳动合同欺诈、黑中介等）、自然人信用领域（个人诚信、自然人涉欺诈案件等）存在的欺诈案件，反映出社会诚信建设中亟待解决的问题；欺诈类案件的再审改判率、二审开庭率以及上网时间等相关情况，则反映出我国法院对此类案件的判决情况，进而间接体现出我国司法公信现状。由此，将关系到诚信社会建设较多领域的民事涉欺诈案件作为研究对象，能够成为反映我国社会实际情况的一面镜子。

第二，民事涉欺诈案件的考察顺应社会诚信建设的基本趋势。正如依法治国已经成为我国宪法确立的基本治国方略，通过制度方式加强经济、社会各方面的建设，已经成为我国社会治理的基本手段。在现代市场经济社会背景下，社会诚信建设的主导模式由"德性诚信"转向"制度诚信"。[①] 在这种转变的趋势下，法律制度在社会诚信建设方面的作用，已经越来越明显地超过其他社会传统调解机制的作用。由此，以制度确保诚信社会的正确发展方向并推动商务诚信、社会诚信的不断提升，已经成为现代社会转型及发展的内在必然要求。而民商事法律关系作为与市民日常生活息息相关的领域，其中发生的涉欺诈案件也较能体现出诚信社会建设制度化推动的基本情况。

第二节 涉欺诈案件地域分布

一、各地区涉欺诈案件发生数量、常住人口、GDP 及三者排名

从图 1 可以看出，涉欺诈案件发生排名居于前几位的地区分别为北京、广东、四川、江苏和山东，而海南、宁夏、青海和西藏则居于后几位。仅从绝对数量可反映的情况来看，总体上东部经济发达、人口数量较多的地区涉欺诈案件发生数量相对较多，中西部经济欠发达地区、人口稀少的地区涉欺诈案件发生数量相对较少。其中北京、广东涉欺诈案件发生数量远远超过其他地区，特别是北京欺诈案件发生数量更是遥遥领先，也远远超过与之经济、发展状况相当的上海。

[①] 参见王淑芹：《社会诚信建设的现代转型——由传统道德性诚信到现代制度诚信》，《哲学动态》2015 年第 12 期。

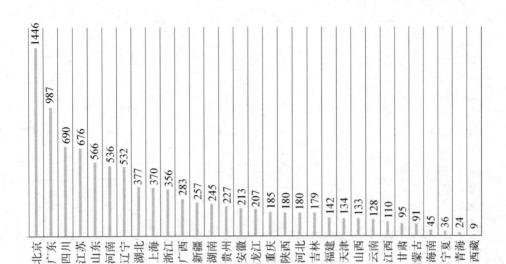

图1　2017年各地区涉欺诈案件发生数量

　　当然，仅从案件绝对数量我们并不能对此现象进行全面的分析，因此，我们将省级行政区常住人口排名、地区GDP排名、涉欺诈案件总数排名进行对比，以地区GDP作为涉欺诈案件发生的主导变量，同时辅以地区常住人口作为辅助变量，可以对各地区涉欺诈案件发生的相对水平做初步评估。如表1，从三项指数的位差来看，大部分省级行政区的三项数值排名水平比较相符，可以直观印证涉欺诈案件的发生与地区GDP、常住人口数量的密切联系，也就是说：经济越发达的地区，涉欺诈案件发生频率越高，常住人口越多的地区，涉欺诈案件也会随之增加。

表1　2017年各省级行政区涉欺诈案件总数排名、常住人口排名、GDP排名

地　区	涉欺诈案件总数排名	地区常住人口排名	地区GDP排名	地　区	涉欺诈案件总数排名	地区常住人口排名	地区GDP排名
北　京	1	26	12	湖　北	8	9	7
广　东	2	1	1	上　海	9	25	11
四　川	3	4	6	浙　江	10	10	4
江　苏	4	5	2	广　西	11	11	19
山　东	5	2	3	新　疆	12	24	26
河　南	6	3	5	湖　南	13	7	9
辽　宁	7	14	14	贵　州	14	19	25

续表

地 区	涉欺诈案件总数排名	地区常住人口排名	地区GDP排名	地 区	涉欺诈案件总数排名	地区常住人口排名	地区GDP排名
安 徽	15	8	13	云 南	24	12	20
黑龙江	16	17	22	江 西	25	13	16
重 庆	17	20	17	甘 肃	26	22	27
河 北	18	6	8	内蒙古	27	23	21
陕 西	19	16	15	海 南	28	28	28
吉 林	20	21	24	宁 夏	29	29	29
福 建	21	15	10	青 海	30	30	30
天 津	22	27	18	西 藏	31	31	31
山 西	23	18	23				

除了受地区 GDP 和常住人口这两项主要变量的主导,也有个别地区的排名异常。我们以涉欺诈案件总数排名分别减去各地区 GDP 排名、常住人口数排名所得位差绝对值高于 5 的省级行政区作为异常值,筛选出有以下地区呈现位差负向异常:

北京:涉欺诈案件总数第 1,地区 GDP 第 12(—11),常住人口排名第 26(—25);

辽宁:涉欺诈案件总数第 7,地区 GDP 第 14(—7),常住人口排名第 14(—7);

新疆:涉欺诈案件总数第 12,地区 GDP 第 26(—14),常住人口排名第 24(—12);

贵州:涉欺诈案件总数第 14,地区 GDP 第 25(—11),常住人口排名第 19(—5)。

也就是说,北京、辽宁、新疆、贵州等地的经济状况与人口水平本不应当导致如此多的涉欺诈案件,说明上述地区的涉欺诈案件发生频率偏高还有其他重要因素在发生作用,值得深入研究。

另一方面,位差正向异常的省级行政区有:

河北:涉欺诈案件总数第 18,地区 GDP 第 8(10),常住人口排名第 6(12);

福建:涉欺诈案件总数第 21,地区 GDP 第 10(11),常住人口排名第 15(6);

江西：涉欺诈案件总数第 25，地区 GDP 第 16（9），常住人口排名第 13（12）。

河北省地区 GDP 和常住人口数都位列全国前 10，但是涉欺诈案件数仅位列第 18，与地区 GDP 和常住人口排名并不相符，这在一定程度上可以说明该地社会诚信状况较好，这可能与经济发展水平相对较高有一定关系，当然最终结论还需要结合报告的其他指数来明确。

二、各地区每百万人口欺诈案件发生数及排名情况分析

为了更加准确地反映各地涉欺诈案件发生情况，我们结合 2017 年各地区常住人口数量，得出每百万人涉欺诈案件发生数量。由于各地地理位置和区域面积、经济发展水平等因素，人口密度也各有不同，相较于绝对数的排名，将人口纳入考量范围更为公平。

经过计算每百万人口涉欺诈案件数及排名如图 2 所示。我们可以看出，除了排名第一的北京市为 66.61 件，第二的为上海市 15.30 件，第三的辽宁省为 12.18 件，第四的新疆维吾尔自治区为 10.51 件之外，全国各地区每百万人涉欺诈案件发生数量相对较为平稳，均在 10 件以下，这在一定程度上表明我国各地社会诚信状况总体上较好。

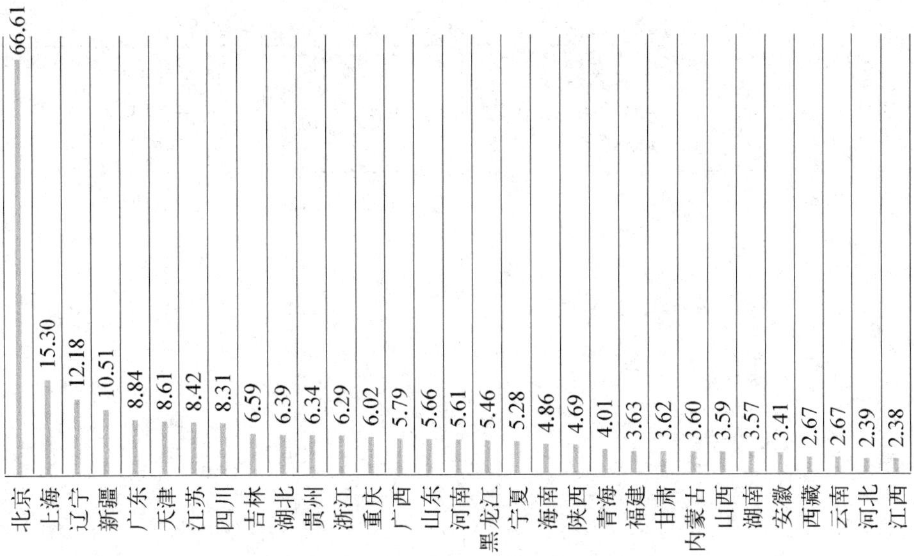

图 2　2017 年各地每百万人涉欺诈案件发生数

北京和上海每百万人口涉欺诈案件数为什么会排名如此靠前,这是否可断定北京上海的社会诚信程度较差,我们认为仅依据此不能得出该结论,因为该结果的呈现原因可能还有很多。比如,北京市和上海市作为经济社会发展程度较高的城市,社会整体的法治化程度也相应较高,生活在发达地区的人口文化知识水平普遍较高,法律意识较强,所以选择诉讼途径维权的意识普遍较强。这些都可能是导致北京市和上海市每百万人涉欺诈案件数相对较高的原因。对于北京每百万人口涉欺诈案件发生数为上海的 4 倍之多,并且远远超过其他地区,其中原因我们将在后文加以探究。

西藏、青海、宁夏这三个地区每百万人口涉欺诈案件排名靠后,也就是说这三个地区涉欺诈案件发生频率相对较低。归其缘由,我们认为这三个省份都位于地广人稀的西部地区,经济欠发达,产生矛盾纠纷的可能性较低,相应的社会诚信问题不是那么明显。

就前述已经获得的涉欺诈案件数量排名与每百万人口欺诈案件发生数排名,我们以前项数据(涉欺诈案件排名)减去后项数据(每百万人口欺诈案件数排名),可以得出如表 2 所示的排名。当上述两个排名位差绝对值较小,则其排名较为有说服力,也说明其社会诚信状况在全国的总体排位无论从数量还是人均方面看,该地区呈现一种较为稳定的状态;但位差绝对值较大则表明人口因素对欺诈案件发生的影响越大。由表 2 可以看出:

表 2　　2017 年涉欺诈案件数排名与每百万人口涉欺诈案件数排名位差

地　区	涉欺诈案件数排名	每百万人口涉欺诈案件数排名	位差	地　区	涉欺诈案件数排名	每百万人口涉欺诈案件数排名	位差
北　京	1	1	0	新　疆	12	4	8
广　东	2	5	−3	湖　南	13	26	−13
四　川	3	8	−5	贵　州	14	11	3
江　苏	4	7	−3	安　徽	15	27	−12
山　东	5	15	−10	黑龙江	16	17	−1
河　南	6	16	−10	重　庆	17	13	4
辽　宁	7	3	4	陕　西	18	20	−2
湖　北	8	10	−2	河　北	19	30	−11
上　海	9	2	7	吉　林	20	9	11
浙　江	10	12	−2	福　建	21	22	−1
广　西	11	14	−3	天　津	22	6	16

续表

地 区	涉欺诈案件数排名	每百万人口涉欺诈案件数排名	位差	地 区	涉欺诈案件数排名	每百万人口涉欺诈案件数排名	位差
山 西	23	25	−2	海 南	28	19	9
云 南	24	29	−5	宁 夏	29	18	11
江 西	25	31	−6	青 海	30	21	9
甘 肃	26	23	3	西 藏	31	28	3
内蒙古	27	24	3				

首先，位差绝对值小于 5 的地区有 18 个，其中我们可以看出与经济发展水平相近的上海相比，北京市无论在涉欺诈案件数量还是每百万人涉欺诈案件数量均居于首位，背后的原因值得我们深究。

其次，位差绝对值较大的地区为天津（16），湖南（13）、安徽（12）、河北（11），宁夏（11）、吉林（11）。其中位差为正的是天津、湖南、安徽、河北四个地区，天津作为四个直辖市之一，涉欺诈案件数量排名较为靠后，为 22 名，而每百万人口涉欺诈案件发生数却是第 6 名，这表明，人口对其涉欺诈案件发生数量影响较大，我们从《中国统计年鉴 2018》各地 2017 年常住人口数据中获知，天津市 2017 年常住人口为四个直辖市里最少的，这在一定程度上也印证了我们上述结论。湖南、安徽和河北三个地区涉欺诈案件数量排名相对靠前、人口众多但每百万人口的案件发生率并不高，从而反映出这些地区案件数量排名靠前是因为人口基数庞大，并不能直接证明这些地区社会诚信状况较差。位差为负的地区为宁夏和吉林，这两个地区涉欺诈案件数量相对较少，但每百万人口涉欺诈案件发生数排名却较为靠前，这表明这些地区虽然案件总数排名不高，但是由于人口较少，平均到每百万人口的案件发生数较大。

最后，从表 2 中我们可以看出人口基数庞大的几个人口大省和地广人稀的几个边远地区省市排名的位差是较大的，这也直接地体现了人口因素对于社会诚信状况的评价有着非常重要的影响，将每百万人口涉欺诈案件发生数这一数据纳入诚信社会的评价体系中会使结果更具有参考价值。

三、涉欺诈案件发生情况的相关性分析

影响涉欺诈案件发生的原因不能简单归于某一因素，为此，我们综合了人

口、经济、社会等因素进行全面考量,以期对涉欺诈案件发生的缘由进行更详细、全面、准确的说明。为了使数据更具说服力,我们以每百万人口涉欺诈案件发生数来衡量涉欺诈案件的发生,并分析以下六项因素与涉欺诈案件发生之间的相关性,即各地 2017 年生产总值(GDP)、各地人均 GDP、各地区人均可支配收入、各地城镇化比例、各地区义务教育情况及各地区城镇失业率。

(一) 每百万人口涉欺诈案件发生数与 GDP 排名的关系

GDP 是指在一定时期内(一个季度或一年),一个国家或地区的经济中所生产出的全部最终产品和劳务的价值,常被公认为衡量国家或地区经济状况的最佳指标。一个地区的 GDP 不但可反映该地区的经济实力,也一定程度上代表了一个地区的整体发达程度。为此,我们从《中国统计年鉴 2018》数据库中提取了 2017 年各地区生产总值(GDP)。

为了更清晰、直观地看出涉欺诈案件发生率和地区生产总值(GDP)之间的关系,我们对两个数据按从大到小的顺序分别进行了排名,如表 3 所示,二者的位差为各地每百万人口涉欺诈案件发生数排名减去各地区生产总值(GDP)的排名,位差为正表示该地区每百万人口涉欺诈案数量排名靠后,但 GDP 排名却较为靠前;位差为负表明该地每百万人口涉欺诈案件数量排名较为靠前,而 GDP 排名却靠后;位差绝对值越接近 0 则表示地区生产总值与每百万人口涉欺诈案件发生数排名较为接近。

表 3   2017 年每百万人口涉欺诈案件发生数排名与各地 GDP 排名对比

地　区	每百万人口欺诈案件数排名	GDP排名	位差	地　区	每百万人口欺诈案件数排名	GDP排名	位差
北　京	1	12	−11	湖　北	10	7	3
上　海	2	11	−9	贵　州	11	25	−14
辽　宁	3	14	−11	浙　江	12	4	8
新　疆	4	26	−22	重　庆	13	17	−4
广　东	5	1	4	广　西	14	19	−5
天　津	6	18	−12	山　东	15	3	12
江　苏	7	2	5	河　南	16	5	11
四　川	8	6	2	黑龙江	17	22	−5
吉　林	9	24	−15	宁　夏	18	29	−11

续表

地　区	每百万人口欺诈案件数排名	GDP排名	位差	地　区	每百万人口欺诈案件数排名	GDP排名	位差
海　南	19	28	−9	湖　南	26	9	17
河　北	20	8	12	安　徽	27	13	14
青　海	21	30	−9	西　藏	28	31	−3
福　建	22	10	12	云　南	29	20	9
甘　肃	23	27	−4	陕　西	30	15	15
内蒙古	24	21	3	江　西	31	16	15
山　西	25	23	2				

由表3可以看出，有大部分地区的绝对值位差都在10左右，这说明这些地区的经济发展水平与该地涉欺诈案件发生频率的联系不是那么密切，可能受其他因素的影响更大些。其中新疆(22)位差绝对值更是远远超过10，这一定程度上表明GDP对新疆每百万人口涉欺诈案件的发生的影响可能并不是那么明显，也就是说新疆社会诚信状况较低的原因与其经济发展水平相关性较小。所以仅考察GDP一个因素对涉欺诈案件发生的影响并不全面，且每个地区涉欺诈案件的发生都有其特殊性，我们应该尽可能分析更多的自变量，从而更加准确地了解影响各地社会诚信状况的原因，从而对建设诚信社会作出具有针对性、准确性、时效性的应对措施。

(二) 每百万人口涉欺诈案件发生数与人均GDP排名的关系

地区GDP是衡量经济发展水平的指标之一，可以衡量一个地区经济发展水平的总体情况，为了更加全面地分析经济发展水平对一个地区欺诈案件发生情况的影响，我们在GDP的基础上引入了人均国内生产总值也就是人均GDP的概念。人均国内生产总值是人们了解和把握一个国家或地区的宏观经济运行状况的有效工具，即"人均GDP"，常作为发展经济学中衡量经济发展状况的指标，是最重要的宏观经济指标之一。相较于GDP，人均GDP可以更加客观地显示出一个地区的经济发展水平和人民生活水平。如图3可知，北京、上海、天津三个直辖市人均GDP居于前三名，而江浙两省紧随其后，相较于东部沿海地区而言，贵州、云南、甘肃等西部内陆地区人均GDP排名相对靠后，这在一定程度上表明我国区域之间的经济发展仍存在较大差异。

		12899
	四川	12663
	湖南	11894
	湖北	10715
	新疆	9205
	河北	8267
	海南	8093
	吉林	7280
	山西	6376
	重庆	6344
	黑龙江	6019
	青海	5726
	广西	5483
	宁夏	5352
	云南	5076
	内蒙古	4955
	陕西	4843
	西藏	4667
	甘肃	4538
	贵州	4494
	福建	4465
	江苏	4404
	浙江	4342
	安徽	4340
	江西	3926
	辽宁	3810
	上海	3795
	北京	3422
	天津	2849

图 3　2017 年地区人均 GDP (元)

我们将各地每百万人口涉欺诈案件发生数和人均 GDP 按照从大到小的顺序进行了排名,如表 4 所示,两者的位差为各地人均 GDP 的排名减去各地每百万人口涉欺诈案件发生数排名,位差为正表示该地区每百万人口涉欺诈案件发生数排名靠后,但人均 GDP 排名却靠前;位差为负则表示每百万人口涉欺诈案件发生数排名靠前,但人均 GDP 排名却靠后。位差绝对值越接近 0 表示该地涉欺诈案件排名与人均 GDP 排名相差较小,位差绝对值越大则表示该地人均 GDP 与涉欺诈案件排名相差较大。

表 4　2017 年每百万人口涉欺诈案件发生数排名与各地人均 GDP 排名对比

地区	每百万人口欺诈案件数排名	人均 GDP 排名	位差	地区	每百万人口欺诈案件数排名	人均 GDP 排名	位差
北京	1	1	0	江苏	7	4	3
上海	2	2	0	四川	8	21	-13
辽宁	3	14	-11	吉林	9	13	-4
新疆	4	20	-16	湖北	10	11	-1
广东	5	7	-2	贵州	11	29	-18
天津	6	3	3	浙江	12	5	7

续表

地　区	每百万人口欺诈案件数排名	人均GDP排名	位差	地　区	每百万人口欺诈案件数排名	人均GDP排名	位差
重　庆	13	10	3	甘　肃	23	31	−8
广　西	14	28	−14	内蒙古	24	9	15
山　东	15	8	7	山　西	25	25	0
河　南	16	18	−2	湖　南	26	16	10
黑龙江	17	26	−9	安　徽	27	24	3
宁　夏	18	15	3	西　藏	28	27	1
海　南	19	17	2	云　南	29	30	−1
河　北	20	19	1	陕　西	30	12	18
青　海	21	22	−1	江　西	31	23	8
福　建	22	6	16				

如表4，我们可以清楚地看出位差绝对值在10以下的地区超过20个，这说明涉欺诈案件的发生与人均GDP排名相对一致，也就是说全国大多数地区涉欺诈案件的发生与人均GDP有着密切的关系，这也充分验证了探究民事涉欺诈案件发生原因时，综合各个指标考察才更加科学。其中北京（0）、上海（0）、山西（0）这三个地区的位差均为0，表明二者状况不一致；而贵州（18）、陕西（18）、新疆（16）、福建（16）等这些地区位差绝对值都较大，这表明人均GDP与该地涉欺诈案件发生状况之间相差较大。

从区域来看，北京、上海等东部沿海发达城市人均GDP排名靠前，其涉欺诈案件发生频率也相对较高，而一些中西部人均GDP较低的经济欠发达地区涉欺诈案件发生的频率相对来说较低。我们认为主要有以下两方面的原因：第一，人均GDP是用一个地区的生产总值（GDP）除以该地区常住人口数，因此更加具象，也更能客观地反映其与该地每百万人口涉欺诈案件发生数之间的关系。第二，当一个地区人均GDP较高时，在一定程度上可以说明该地经济发展状况较好，一方面市场相对较为活跃，各个主体之间的联系相对密切，涉欺诈案件相对来说也较容易发生。

（三）每百万人口涉欺诈案件发生数与人均可支配收入的关系

居民可支配收入被认为是消费开支的最重要的决定性因素，因而常被用来衡量一个国家生活水平的变化情况。那么一个地区生活水平的高低是否会对该地区涉欺诈案件有一定影响呢？为此,我们从《中国统计年鉴 2018》数据库中提取了全国不同地区人均可支配收入,如图 4,我们可以看出,上海市、北京市、浙江省、天津市人均可支配收入处于前几名,特别是上海和北京人均可支配收入遥遥领先,而云南省、贵州省、甘肃省和西藏自治区则居于后几位。从地域分布来看,东部沿海城市由于经济发达,人民生活水平也相对较高,而西南、西北地区由于自然条件的限制,人口稀少,经济欠发达,从而导致人民生活水平相对较低。

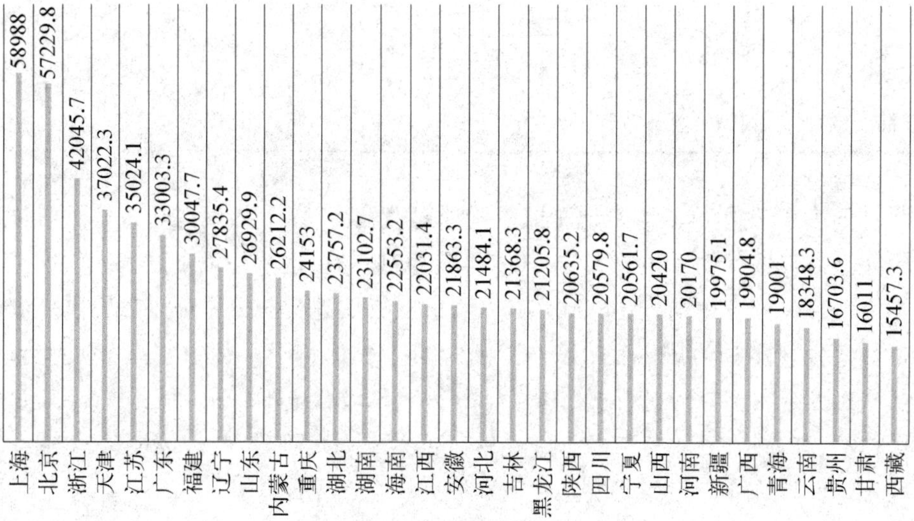

图 4　2017 年各地人均可支配收入(元)

为了更加直观、清楚地看出各地每百万人口涉欺诈案件发生数和人均可支配收入之间的变化,我们按照从大到小的顺序对两个数据进行了排名,如表 5 所示,两者的位差为各地每百万人口涉欺诈案件发生数排名减去各地人均可支配收入的排名,位差为正表示该地区每百万人口涉欺诈案件发生数排名靠后,但人均可支配收入排名却较为靠前;位差为负则表示每百万人口涉欺诈案件发生数排名虽靠前,但人均可支配收入排名却较为靠后。位差绝对值越接近 0 则表示该地人民生活水平与欺诈案件发生频率相差较小,位差绝对值越大则表示该地人民生活水平与欺诈案件发生频率之间差距较大。

表 5　2017 年每百万人口涉欺诈案件发生数排名与各地人均可支配收入排名对比

地　区	每百万人口欺诈案件数排名	人均可支配收入排名	位差	地　区	每百万人口欺诈案件数排名	人均可支配收入排名	位差
北　京	1	2	−1	黑龙江	17	19	−2
上　海	2	1	1	宁　夏	18	22	−4
辽　宁	3	8	−5	海　南	19	14	5
新　疆	4	25	−21	河　北	20	17	3
广　东	5	6	−1	青　海	21	27	−6
天　津	6	4	2	福　建	22	7	15
江　苏	7	5	2	甘　肃	23	30	−7
四　川	8	21	−13	内蒙古	24	10	14
吉　林	9	18	−9	山　西	25	23	2
湖　北	10	12	−2	湖　南	26	13	13
贵　州	11	29	−18	安　徽	27	16	11
浙　江	12	3	9	西　藏	28	31	−3
重　庆	13	11	2	云　南	29	28	1
广　西	14	26	−12	陕　西	30	20	10
山　东	15	9	6	江　西	31	15	16
河　南	16	24	−8				

如表 5，我们可以观察到，位差绝对值较小的地区为北京市（1）、上海市（1）、广东省（1）、云南省（1），也就是说这些地区涉欺诈案件排名与人均可支配收入排名之间差距较小，绝对值较大的地区有新疆维吾尔自治区（21）、贵州省（18）、江西省（16）、福建省（15），特别是新疆欺诈案件每百万人口发生数排在第 4 名，但人均可支配收入却排在 25 名，相差很大。

总的来看，位差绝对值小于 5 的地区达到了 13 个，由此我们可以大致得出这样的结论，全国大部分地区人均可支配收入高低即人民生活状况好坏与该地区涉欺诈案件发生的频率趋于一致，也就是说，当一个地区人均可支配收入越高，该地每百万人口涉欺诈案件发生数也就越多，反之亦然。对于此种现象，我们认为，首先，在欺诈案件中犯罪分子本身就会选择相对富裕地区进行欺诈；其次，欺诈案件多数为合同欺诈、劳动纠纷欺诈、商事欺诈，对于这些案由，贫困地区发生的概率相对较小；再次，居民人均可支配收入多，对于财物的分配途径也增多，譬如进行投资、理财，在交易过程中也给了犯罪分子可乘之机。

(四) 每百万人口涉欺诈案件发生数与城镇人口比例排名的关系

城镇化是经济发展的必然产物,是社会现代化的重要内容和标志,城镇化的发展使人们的生活方式出现重大变化,原有社会结构瓦解,城市生活对现代人有着十分巨大的吸引力。[①] 城镇化是人类社会现代化的必然趋势,但是城镇化进程中产生的各种城市问题,却对城市的生存与发展造成了诸多困扰,为了弄清城镇化与每百万人口涉欺诈案件发生数的关系,我们从《中国统计年鉴2018》数据库中提取了 2017 年各地区城镇化比例,如图 5 可知,东部沿海发达地区城镇人口比例处于较为领先的地位,如上海、北京、天津、广东等地区,而中西部地区如云南、甘肃、西藏等城镇人口比例则较低,这种现象与各地人均GDP 和人均可支配收入所呈现的趋势较为一致。

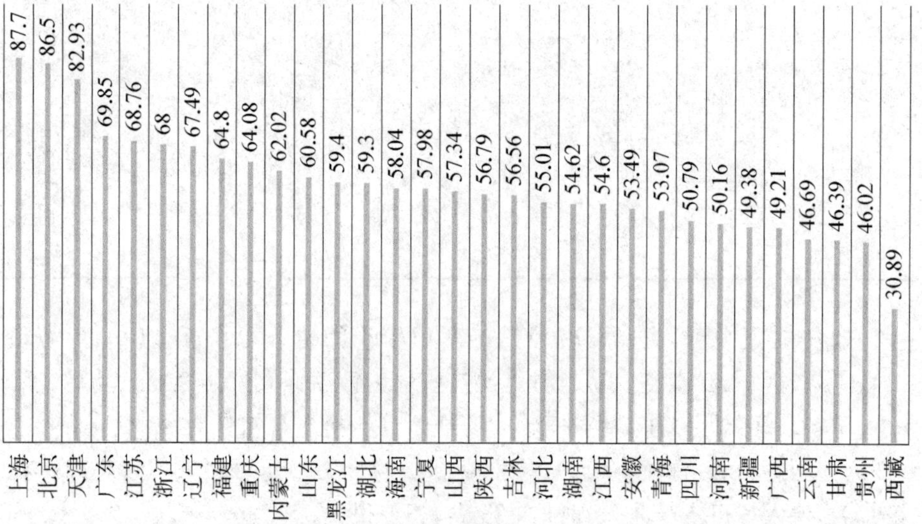

图5　2017 年各地区城镇人口比例(百分比)

如表 6 所示,我们对每百万人口涉欺诈案件发生数与城镇人口比例分别按照从大到小的顺序进行了排名,二者的位差为各地每百万人口涉欺诈案件发生数排名减去各地城镇化人口比例的排名。位差为正表示每百万人口涉欺诈案件发生数排名靠后,但城镇人口比例排名靠前,即在城镇化程度较高的地区欺诈案件发生的频率就越低;位差为负则表示每百万人口涉欺诈案件排名

---

① 常宇刚.城镇化进程中的犯罪问题实证分析[D].西南政法大学,2015。

靠前，但城镇人口比例排名则靠后，在城镇化程度较低的地区欺诈案件发生频率就越高。位差绝对值越接近0表示城镇化程度与欺诈案件发生情况相差较小，位差绝对值越大则表示城镇化程度与欺诈案件发生情况相差较大。

表6　2017年每百万人口涉欺诈案件发生数排名与各地城镇人口比例排名及其位差

地　区	每百万人口欺诈案件数排名	城镇人口比例排名	位差	地　区	每百万人口欺诈案件数排名	城镇人口比例排名	位差
北　京	1	2	−1	黑龙江	17	12	5
上　海	2	1	1	宁　夏	18	15	3
辽　宁	3	7	−4	海　南	19	14	5
新　疆	4	26	−22	河　北	20	19	1
广　东	5	4	1	青　海	21	23	−2
天　津	6	3	3	福　建	22	8	14
江　苏	7	5	2	甘　肃	23	29	−6
四　川	8	24	−16	内蒙古	24	10	14
吉　林	9	18	−9	山　西	25	16	9
湖　北	10	13	−3	湖　南	26	20	6
贵　州	11	30	−19	安　徽	27	22	5
浙　江	12	6	6	西　藏	28	31	−3
重　庆	13	9	4	云　南	29	28	1
广　西	14	27	−13	陕　西	30	17	13
山　东	15	11	4	江　西	31	21	10
河　南	16	25	−9				

从表6可以看出，位差绝对值较小的地区（小于5）达到了14个，其中北京（1）、上海（1）、广东（1）、河北（1）、云南（1）、江苏（2）、青海（2）等这几个地区更加接近0，也就是说大部分地区每百万人口涉欺诈案件发生数和城镇人口比例排名较为接近，也即城镇人口比例较多的地区每百万人口涉欺诈案件发生数量也较多，城镇比例较小的地区欺诈案件发生频率也较低；而位差绝对值较大的地区为新疆（22）、贵州（19）、四川（16）、福建（14）、内蒙古（14），其中前三个地区位差绝对值较大且为负，这表明这些地区涉欺诈案件发生频率高但城镇化人口比例较低。而福建、内蒙古两地区城镇化人口比例相对欺诈案件来说排名较为靠前，两地区涉欺诈案件发生数都不高，社会诚信状况相对较好，这在一定程度上可能是因为政府在城镇化进程中监管措施得当，从而减少了社会问题的发生。

(五) 每百万人口涉欺诈案件发生数与城镇失业率排名的关系

失业率是指一定时期满足全部就业条件的就业人口中仍未有工作的劳动力数字,旨在衡量闲置中的劳动产能,是反映一个国家或地区失业状况的主要指标。失业会产生诸多影响,一般可以将其分成两种:社会影响和经济影响。失业率过高,不仅对失业者的经济带来很大的负担,而且从心理上会增加失业者本身的不安全感,有些失业者在心理素质较差的情况下,甚至会产生一系列过激行为。这种不安全感扩散效应会同时增加在业劳动者的不安全感,进而增加社会整体的不安全感,从而影响社会整体稳定。

那么城镇失业率与社会诚信度之间有没有关系呢? 当一个地区失业率较高时,是不是该地欺诈案件就高发呢? 为此,我们从《中国统计年鉴2018》数据库中提取了各地区2017年城镇失业率,如图6可知,我国各地区2017年城镇失业率都在5%以下。

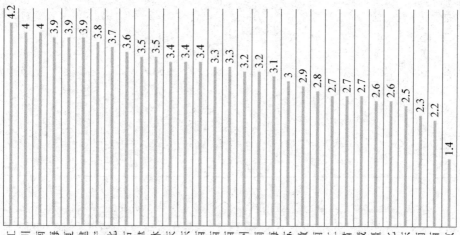

图6 2017年各地城镇失业率(百分比)

为了更加直观、清楚地看出各地区城镇失业率和各地区涉欺诈案件发生率之间的关系,我们将这两组数据按照从大到小的顺序进行了排名,如表7所示,两者的位差是各地每百万人口涉欺诈案件发生数排名减去各地城镇失业率的排名,位差为正表示该地每百万人口涉欺诈案件发生数排名靠后而城镇失业率排名却靠前,位差为负则表示该地城镇失业率排名靠后但每百万人口涉欺诈案件发生排名靠前。位差绝对值整体越接近 0 则表示城镇失业率与每百万人口涉欺诈案件发生数之间差距较小，位差绝对值整体越大则表示城镇失业率与每百万人口涉欺诈案件发生数之间差距较大。

表 7　2017 年每百万人口涉欺诈案件发生数排名与各地城镇人口比例排名及其位差

地　区	每百万人口欺诈案件数排名	城镇失业率排名	位差	地　区	每百万人口欺诈案件数排名	城镇失业率排名	位差
北　京	1	31	−30	黑龙江	17	1	16
上　海	2	4	−2	宁　夏	18	6	12
辽　宁	3	7	−4	海　南	19	29	−10
新　疆	4	27	−23	河　北	20	8	12
广　东	5	28	−23	青　海	21	19	2
天　津	6	11	−5	福　建	22	5	17
江　苏	7	20	−13	甘　肃	23	24	−1
四　川	8	2	6	内蒙古	24	9	15
吉　林	9	10	−1	山　西	25	14	11
湖　北	10	26	−16	湖　南	26	3	23
贵　州	11	17	−6	安　徽	27	21	6
浙　江	12	23	−11	西　藏	28	25	3
重　庆	13	13	0	云　南	29	18	11
广　西	14	30	−16	陕　西	30	15	15
山　东	15	12	3	江　西	31	16	15
河　南	16	22	−6				

从表 7 我们可以看出，总体上位差绝对值大于 10 的地区达到了 17 个，超过全国一半地区，其中北京（30）、新疆（23）、广东（23）、湖南（23）位差绝对值更是远远超过了 10，仅从表 7 我们可以得出城镇失业率与涉欺诈案件发生率之间情况差距较大，也就是说在城镇失业率较高的地区涉欺诈案件却不是高发地带，即城镇失业率并不是导致欺诈案件发生的主要原因。我们认为造成此种现象的主要原因是当前我国十分重视失业这个社会问题，针对此问题采取一系列措施，如失业再就业补贴、提高失业保险数额、实行失业登记常住地服务等①，在一定程度上积极引导失业人群朝着健康、稳定的方向发展，故因失业

---

① 《国务院关于做好当前和今后一个时期促进就业工作的若干意见》国发〔2018〕39 号。

产生的一系列问题也在逐步减少,所以涉欺诈案件发生频率与城镇失业率之间的相关性也就不那么明显了。

第三节 涉欺诈案件案由分布

一、全国涉欺诈案件案由分布

为了进一步分析涉欺诈案件的发生情况,我们将其与案由相交叉,为此我们选取了合同纠纷、劳动人事纠纷、侵权纠纷及商事纠纷案件数量排名前四的案由,将剩下的 8 个案由的案件统称为其他案由。根据我们统计的数据来看,如表 8,全国涉欺诈案件总数为 9 639 件,其中合同案由的案件共 5 868 件,劳动人事案由的案件有 2 487 件,商事案由的案件数量为 576 件,侵权案由的案件有 135 件,而剩下的 8 个案由的案件数量加在一起仅有 573 件,每个案由均未超过上述任何一个案由案件的数量。

表 8   2017 年全国涉欺诈案件案由分布

案 由 分 布	案件数	比例(%)
合同纠纷	5 868	60.88
劳动人事纠纷	2 487	25.79
侵权纠纷	135	1.40
商事纠纷	576	5.97
其他	573	5.94

如表 8 所示,全国涉欺诈案件合同案由案件占据了半壁江山,是劳动人事案由案件的 2 倍还多,我们认为出现这种情况主要有几个原因:首先,在民事领域,合同无处不在,与每个人息息相关,可以说每个主体与他人联系的最主要的方式便是缔结合同,从而相互之间形成法律关系。其次,随着市场经济的繁荣,人们缔结合同的方式越来越丰富,频率也越来越高,相关主体之间关系复杂多样,甚至为不相识、不熟悉的个体。最后,《合同法》第四条规定当事人依法享有自愿订立合同的权利,任何单位和个人不得非法干预。第七条规定当事人订立、履行合同,应当遵守法律、行政法规,尊重社会公德,不得扰乱社

会经济秩序,损害社会公共利益。第十条规定当事人订立合同,有书面形式、口头形式和其他形式。由此看来,只要满足最基本订立合同的条件,合同即成立,合同是当事人双方意思自治的产物,国家一般不加干涉,所以当事人在订立合同时由于自身或其他原因可能使合同存在较大问题。

劳动人事案由案件排名第二,这一方面表明我国劳动者人数较多,劳动领域欺诈案件发生较为频繁,另一方面也说明《劳动合同法》颁布之后劳动者维权意识逐渐增强。

经过上述分析,我们大致可以得出这样的结论:第一,在全国范围内,合同领域内欺诈案件较为频发。第二,总体上来说欺诈案件案由多种多样,也反映出当前影响社会诚信状况的原因具有复杂性。

二、各地区涉欺诈案件案由及排名

在分析全国涉欺诈案件案由分布之后,我们将省级行政区与涉欺诈案件案由进行交叉,得出各地区涉欺诈案由分布情况。如表9,各地区涉欺诈案件数量不同案由的分布情况大致与全国分布情况一致,大部分地区合同案由欺诈案件数量仍遥遥领先,其中广东省、北京市、江苏省、山东省和辽宁省涉欺诈案件合同案由案件数居于全国前五位,分别为:691、499、468、446 和 324 件,而甘肃省、宁夏回族自治区、海南省、青海省和西藏自治区则处于后五位,分别为:66、29、28、22 和 8 件。从地域分布看,合同案由欺诈案件多发生在人口较多、经济相对发达的东部地区,而像甘肃、青海等人口稀少、经济相对落后的中西部地区合同案件发生数量较少,这种分布趋势也符合合同案件案由发生的基本特征。在各地区内部,各地区劳动人事纠纷、商事纠纷、侵权纠纷案由案件数量基本仍是递减的趋势。

表9　　　　　　　　　　**2017 年各地涉欺诈案件案由数量**

地区 \ 二级案由	合同案由案件数量	劳动人事案由案件数量	商事案由案件数量	侵权案由案件数量	其他案由
广　东	691	117	97	20	62
北　京	499	886	19	13	29
江　苏	468	78	47	12	71
山　东	446	55	36	5	24

续表

地区 \ 二级案由	合同案由案件数量	劳动人事案由案件数量	商事案由案件数量	侵权案由案件数量	其他案由
辽 宁	324	175	6	5	22
四 川	287	341	24	9	29
河 南	285	214	15	10	12
上 海	231	56	23	3	57
浙 江	226	31	35	12	52
湖 北	223	31	107	2	14
新 疆	212	24	12	1	8
贵 州	165	33	9	4	16
湖 南	163	44	10	6	22
广 西	161	105	6	0	11
安 徽	158	27	11	6	11
河 北	147	20	5	2	6
吉 林	143	8	11	1	16
陕 西	129	10	13	2	26
黑龙江	112	68	9	4	14
福 建	107	10	6	4	15
重 庆	103	59	14	5	4
云 南	103	4	12	2	7
天 津	101	14	14	2	3
江 西	85	4	9	1	11
内蒙古	74	5	6	1	5
山 西	72	41	8	1	11
甘 肃	66	10	10	0	8
宁 夏	29	2	1	0	4
海 南	28	13	0	1	3
青 海	22	1	1	0	0
西 藏	8	1	0	0	0

如表10所示,对于大多数地区来说,合同案由的案件占比仍居于第一位,全国各地区涉欺诈案件合同案由案件比例都在50%以上,只有四川省(41.59%)、北京市(34.51%)低于50%,这表明全国合同领域欺诈案件多发,相关主体维权意识较强,敢于维护自身权益。

表 10　　　　　　　　2017 年各地涉欺诈案件案由占比　　　　　单位：%

地区　　　　二级案由	合同案由案件占比	劳动人事案由案件占比	商事案由案件占比	侵权案由案件占比	其他案由占比
青　海	91.67	4.17	4.17	0.00	0.00
西　藏	88.89	11.11	0.00	0.00	0.00
新　疆	82.49	9.34	4.67	0.39	3.11
河　北	81.67	11.11	2.78	1.11	3.33
内蒙古	81.32	5.49	6.59	1.10	5.49
宁　夏	80.56	5.56	2.78	0.00	11.11
云　南	80.47	3.13	9.38	1.56	5.47
吉　林	79.89	4.47	6.15	0.56	8.94
山　东	78.80	9.72	6.36	0.88	4.24
江　西	77.27	3.64	8.18	0.91	10.00
天　津	75.37	10.45	10.45	1.49	2.24
福　建	75.35	7.04	4.23	2.82	10.56
安　徽	74.18	12.68	5.16	2.82	5.16
贵　州	72.69	14.54	3.96	1.76	7.05
陕　西	71.67	5.56	7.22	1.11	14.44
广　东	70.01	11.85	9.83	2.03	6.28
甘　肃	69.47	10.53	10.53	1.05	8.42
江　苏	69.23	11.54	6.95	1.78	10.50
湖　南	66.53	17.96	4.08	2.45	8.98
浙　江	63.48	8.71	9.83	3.37	14.61
上　海	62.43	14.89	6.12	0.80	15.41
海　南	62.22	28.89	0.00	2.22	6.67
辽　宁	60.90	32.89	1.13	0.94	4.14
全　国	60.88	25.79	5.97	1.40	5.94
湖　北	59.15	8.22	28.38	0.53	3.71
广　西	56.89	37.10	2.12	0.00	3.89
重　庆	55.68	31.89	7.57	2.70	2.16
山　西	54.14	30.83	6.02	0.75	8.27
黑龙江	54.11	32.85	4.35	1.93	6.76
河　南	53.17	39.93	2.80	1.87	2.24
四　川	41.59	49.42	3.48	1.30	4.20
北　京	34.51	61.27	1.31	0.90	2.01

从劳动人事案件数量占比来看,总体上全国大部分地区劳动合同案件占比都处于40%以下,这表明总体上我国劳动领域诚信度较好,这与我国劳动相关法律规范相对健全,劳动者法律意识较高有着不可分割的关系。四川省(49.42%)和北京市(61.27%)劳动案由发生较高,但其中的原因仍值得我们深究。

各地区商事案由案件占比和侵权案件占比相较合同案由占比明显减少,总体上商事案由案件全国大多地区占比都在30%以下,侵权案由案件占比全国各地区均处于5%以下,这表明相对合同领域来说,商事领域、侵权领域涉欺诈案件发生频率相对较低。

为了更加准确地反映涉欺诈案件案由的地区分布,我们将合同、劳动人事、侵权以及商事案由案件数量排名前6的地区提取了出来。如表11所示。

表 11	2017 年各地区案由分布状况		
案由分布	省级行政区	案件数	案件占比(%)
合同纠纷	广 东	691	70.01
	北 京	499	34.51
	江 苏	468	69.23
	山 东	446	78.80
	辽 宁	324	60.90
	四 川	287	41.59
劳动人事纠纷	北 京	886	61.27
	四 川	341	49.42
	河 南	214	39.93
	辽 宁	175	32.89
	广 东	117	11.85
	广 西	105	37.10
侵权纠纷	广 东	20	2.03
	北 京	13	0.90
	江 苏	12	1.78
	浙 江	12	3.37
	河 南	10	1.87
	四 川	9	1.30

续表

案由分布	省级行政区	案件数	案件占比（%）
商事纠纷	湖　北	107	28.38
	广　东	97	9.83
	江　苏	47	6.95
	山　东	36	6.36
	浙　江	35	9.83
	四　川	24	3.48

　　对于合同案由的涉欺诈案件，其中广东省、北京市、江苏省、山东省、辽宁省和四川省涉欺诈案件合同案由案件数居于全国前六位，这些地区大部分位于东部沿海，经济发达、人口多且流动较大，致使合同领域欺诈案件高发且复杂，相关主体也更善于通过诉讼来维护自身权益。

　　劳动人事纠纷位于前六的是北京市、四川省、河南省、辽宁省、广东省和广西壮族自治区，这些地区或经济发达或务工人口众多或二者同时兼备，这些都可能造成劳动纠纷多发。

　　侵权案由案件位于前六的是广东省、北京市、江苏省、浙江省、河南省和四川省，其中广东省侵权类欺诈案件占比居于全国第一，从地理分布来看，广东作为沿海发达地区，流动人口多，侵权类欺诈案件多发。

　　商事案由案件位于前六位的是湖北省、广东省、江苏省、山东省、浙江省和四川省，可以看出商事欺诈案件发生较多的地区多为经济发达的东部地区，值得关注的是湖北省商事欺诈案由案件占比为全国第一。

第二章　民事涉欺诈案件
主体及行业分布

在第一章中我们已经对民事涉欺诈案件的地域分布进行了分析,在本章针对民事涉欺诈案件的主体及行业分布进行研究,以便更加全面地了解涉欺诈案件的发生状况,从而对全国社会诚信状况的主体和领域分布有更加详细的了解。

第一节　涉欺诈案件主体分布

某种程度上,涉欺诈案件的当事人类型往往可以说明该地区某类人群社会诚信状况的好坏。为此,我们分别提取了原被告为自然人和非自然人时的数据,由于有些案件中原告或被告人数不仅包括自然人,而且还包括非自然人,所以在统计时会出现自然人、非自然人案件数大于总体欺诈案件数的情况,但是考虑到此种情况在各省普遍存在,对排名结果的影响并不是很大,而且也没有其他更严谨的统计方式对其加以替代,故而采取此种方式作为我们的统计标准。

如表12所示,全国涉欺诈案件主体中自然人欺诈案件多于非自然人,自然人涉欺诈案件总数为11 669件,非自然人涉欺诈案件总数为8 901件。

表12　　　　　　　　　**2017年全国自然人、非自然人欺诈案件分布**

主体	案件数	比例(%)
自然人	11 669	121.06
非自然人	8 901	92.34

一、自然人涉欺诈案件情况分析

如上文所述,我们分别提取了原告为自然人、被告为自然人的相关数据,并最终以两者之和定义为自然人涉欺诈案件数量。如图 7 所示,从绝对数量来看,排名前五的省份是北京市、广东省、江苏省、四川省和辽宁省,这在一定程度上可以表明这几个省份自然人诚信状况较差,这些地区均属于经济发达或人口众多的地区,如北京、广东两地经济发达,人口流动较大;四川、辽宁则属于人口众多、传统行业仍居于主导地位致使其需要较多的劳动力。而排名后五位的分别是:内蒙古自治区、海南省、宁夏回族自治区、青海省和西藏自治区。

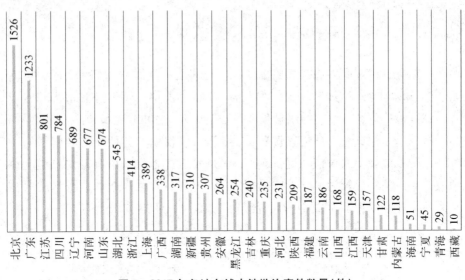

图 7　2017 年各地自然人涉欺诈案件数量(件)

上文已经说明过自然人涉欺诈案件数的统计方法,在该种统计方式下不免出现其数量超过涉欺诈案件总数的可能,鉴于其对于排名情况影响较小且找不到规避的方式,对此予以忽略不计。我们采用自然人涉欺诈案件数除以各区域涉欺诈案件总数,经过计算得出结果如图 8 所示,自然人涉欺诈案件比例排名前五的省份分别为:云南省、湖北省、江西省、贵州省和吉林省。相较于总数来说,比例往往可以更为客观地说明问题,所以这五个省份的个人诚信

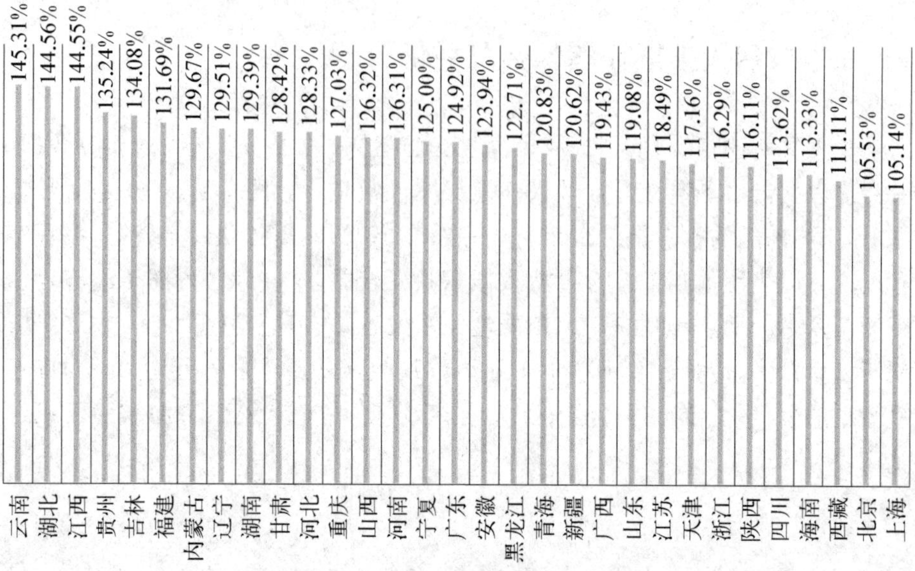

图8 2017年各地自然人涉欺诈案件比例

情况可能更有待提高。而排名倒数五位的分别为：四川省、海南省、西藏自治区、北京市和上海市，其个人诚信状况相对较好，值得一提的是北京市和四川省自然人涉欺诈案件绝对数虽然位于全国前几位，但其占比却较低。

影响一个地域个人诚信状况的因素很多，仅仅用上述两个排名中任何一个来说明该地域个人诚信状况都稍显单薄，我们认为引入位差方式来说明该地域个人诚信状况较为科学、客观。该位差由自然人欺诈案件数排名减去自然人涉欺诈案件比例所得，结果见表13。由表可以看出：

表13　　　　　　　2017年自然人欺诈案件数与比例排名位差

地　区	自然人欺诈案件数排名	自然人欺诈案件比例排名	位差	地　区	自然人欺诈案件数排名	自然人欺诈案件比例排名	位差
北　京	1	30	−29	山　东	7	22	−15
广　东	2	16	−14	湖　北	8	2	6
江　苏	3	23	−20	浙　江	9	25	−16
四　川	4	27	−23	上　海	10	31	−21
辽　宁	5	8	−3	广　西	11	21	−10
河　南	6	14	−8	湖　南	12	9	3

续表

地　区	自然人欺诈案件数排名	自然人欺诈案件比例排名	位差	地　区	自然人欺诈案件数排名	自然人欺诈案件比例排名	位差
新　疆	13	20	−7	山　西	23	13	10
贵　州	14	4	10	江　西	24	3	21
安　徽	15	17	−2	天　津	25	24	1
黑龙江	16	18	−2	甘　肃	26	10	16
吉　林	17	5	12	内蒙古	27	7	20
重　庆	18	12	6	海　南	28	28	0
河　北	19	11	8	宁　夏	29	15	14
陕　西	20	26	−6	青　海	30	19	11
福　建	21	6	15	西　藏	31	29	2
云　南	22	1	21				

首先，上述位差为"0"的地域为海南省，其自然人涉欺诈案件数排名和自然人欺诈案件比例排名均为全国第 28 位，可以较为客观地说其自然人诚信状况在全国各地区中位于较高水平，也就是说海南省自然人诚信状况较好。

其次，当该位差为负数时，说明自然人涉欺诈案件数排名较在自然人涉欺诈案件比例排名靠前，往往说明其个人诚信实际状况要好于自然人欺诈案件数排名呈现的结果。以该位差最小的两个地区北京市和四川省为例，其自然人涉欺诈案件数排名分别为第 1 名和第 4 名，仅仅看这个结果，似乎可以断定其社会个人诚信状况较差，但如果结合两地自然人涉欺诈案件比例排名第 30 名和 27 名来看，则可以发现其个人诚信状况并没有自然人涉欺诈案件数排名呈现得那样差。以此类推，上海市、北京市、山东省、浙江省、四川省和江苏省都属于自然人涉欺诈案件数排名较为靠前而自然人涉欺诈案件比例排名较为靠后的情况。上述省份大多都是东部沿海经济社会较为发达的地区，自然人涉欺诈案件排名靠前可能因为当地人口基数大，在案件基数大涉欺诈案件总数大，相应的自然人涉欺诈案件数排名靠前，但综合自然人涉欺诈案件比例排名来看这些地区的社会个人诚信状况实际上较好。

最后，该位差为正数时恰恰相反，其社会个人诚信状况并没有像自然人涉欺诈案件数排名呈现的结果那样好。较为典型的两个分别是内蒙古自治区和江西省,虽然其自然人涉欺诈案件排名在全国分别排第27位和第24位,较为靠后,看起来整体社会个人诚信状况较好,但是其在自然人涉欺诈案件比例排名中却分别位列全国第7位和第3位。所以这两个地区的个人诚信状况理应引起我们的注意,其中原因值得我们深究。

二、非自然人涉欺诈案件情况分析

涉欺诈案件的当事人为非自然人的数据一般可以反映该地域企业的诚信状况,但由于单从绝对数进行考察往往说服力较差,下面我们也将通过非自然人涉欺诈案件数量,其占所有涉欺诈案件的比例以及两者的位差进行分析。

如图9,仅从绝对数上来看,相较自然人涉欺诈案件,全国各地区非自然人涉欺诈案件发生数较少。其中排名前五的分别是：北京市、广东省、四川省、江苏省和山东省。粗略来看它们大都位于东部沿海经济较为发达地区,各种类型的企业主体存在较多。而排名后五位的分别是：内蒙古自治区、海南省、宁夏回族自治区、青海省和西藏自治区,它们都位于西部欠发达地区,企业数量较少,涉欺诈案件发生数也相对较少。

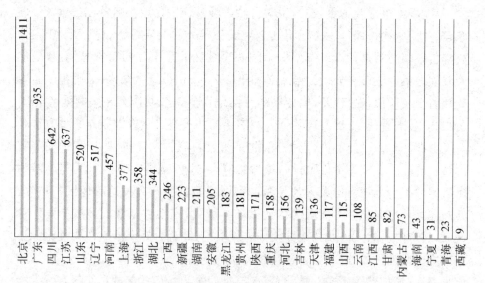

图9 2017年各地非自然人涉欺诈案件数量(件)

采用非自然人涉欺诈案件数除以该地区涉欺诈案件总数,经过计算得出非自然人涉欺诈案件的比例,结果如图10所示。根据该图,非自然人涉欺诈案件比例排名前五的分别为:上海市、天津市、浙江省、西藏自治区和北京市。其中,西藏自治区非自然人涉欺诈案件占比较高的原因是其本身案件基数就小,其他几个地区均属于经济较为发达的地区,企业的数量多,商业活动活跃,可能会造成欺诈案件多发,故社会企业诚信状况较差。如浙江省,一方面其位于东部沿海经济发达,企业存量大,另一方面浙江省作为我国电子商业最为发达的地区,是全国网店的聚集地之一,互联网购物本就是欺诈多发的领域,如此,该省份的企业诚信状况需要引起我们重视。而排名倒数五位的分别为:福建省、内蒙古自治区、贵州省、吉林省和江西省。相对而言,这几个地区的企业诚信状况较好。

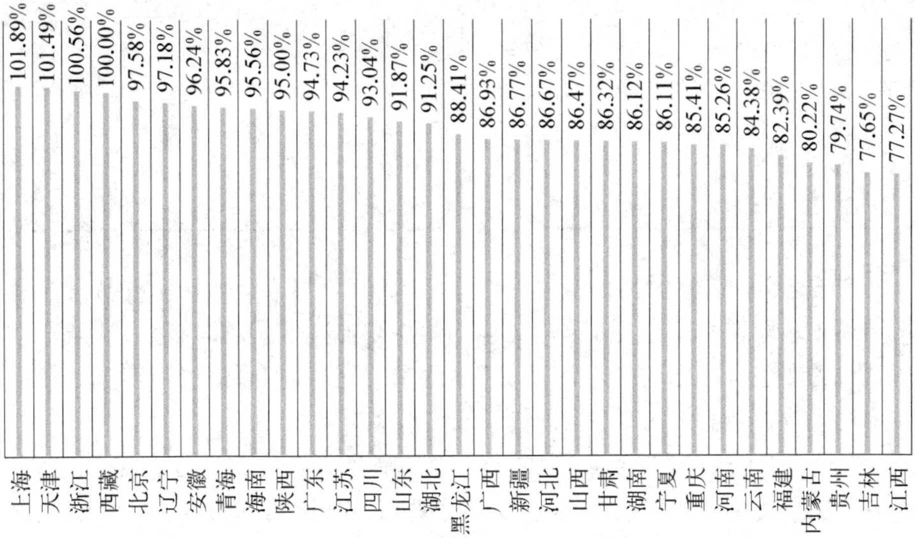

图10　2017年各地非自然人涉欺诈案件占比

正如前文所述,影响一个地域企业诚信状况的因素很多,用上述两个排名中任何一个来说明该地域企业诚信状况似乎都稍显单薄,由此我们认为,引入其位差来说明该地域企业诚信状况的方法较为科学、客观。该位差由非自然人涉欺诈案件数排名减去非自然人涉欺诈案件比例排名所得,结果见表14。一般认为该位差的绝对值越小则非自然人涉欺诈案件数和比例的排名越接近,也即该对应排名更具说服力,由表14可以发现:

表 14　　　　　　　　2017 年非自然人欺诈案件数与比例排名位差

地　区	非自然人欺诈案件数排名	非自然人欺诈案件数比例排名	位差	地　区	非自然人欺诈案件数排名	非自然人欺诈案件数比例排名	位差
北　京	1	5	−4	陕　西	17	10	7
广　东	2	11	−9	重　庆	18	24	−6
四　川	3	13	−10	河　北	19	19	0
江　苏	4	12	−8	吉　林	20	30	−10
山　东	5	14	−9	天　津	21	2	19
辽　宁	6	6	0	福　建	22	27	−5
河　南	7	25	−18	山　西	23	20	3
上　海	8	1	7	云　南	24	26	−2
浙　江	9	3	6	江　西	25	31	−6
湖　北	10	15	−5	甘　肃	26	21	5
广　西	11	17	−6	内蒙古	27	28	−1
新　疆	12	18	−6	海　南	28	9	19
湖　南	13	22	−9	宁　夏	29	23	6
安　徽	14	7	7	青　海	30	8	22
黑龙江	15	16	−1	西　藏	31	4	27
贵　州	16	29	−13				

首先,上述位差为"0"的地区为辽宁省,其非自然人涉欺诈案件数排名和非自然人涉欺诈案件比例排名均为全国第 6 位,这表明其非自然人涉欺诈案件无论是在绝对数还是占比上均位于全国前几名,我们可以较为客观地说辽宁省的企业社会诚信状况在全国属于较低水平。

其次,当该位差为负数时,说明非自然人涉欺诈案件数排名较在非自然人涉欺诈案件比例排名靠前,往往说明其企业诚信实际状况要好于非自然人涉欺诈案件数排名呈现的结果。以该位差最小的两个省份河南省和贵州省为例,其非自然人涉欺诈案件数排名分别为第 7 名和第 16 名。从这个结果来看我们往往断定其企业诚信状况较差,但是其非自然人涉欺诈案件比例排名却分别排第 25 名和 29 名,从这里不难断定其社会企业诚信状况并没有非自然人涉欺诈案件数排名呈现的那样差,反而较好。

最后,该位差为正数时恰恰相反,其社会企业诚信状况并没有像非自然人涉欺诈案件数排名呈现的结果那样好。较为典型的两个分别是西藏自治区和青海省,虽然其非自然人涉欺诈案件排名在全国分别排第 31 位和第 30 位较为靠后,看起来整体社会企业诚信状况较好,但是其在非自然人涉欺诈案件比例排名中却分别位列全国第 4 位和第 8 位。

第二节 涉欺诈案件行业分布

本部分我们拟对各地涉欺诈案件的行业分布进行分析。根据现有数据,我们在各地非自然人涉欺诈案件中筛选出了企业涉欺诈案件 7 978 件,需要说明的是,攻方这个数据是攻方企业涉欺诈案件数与守方涉欺诈案件数相加得到的,因此会存在重复的现象,由于目前没有更好的方式来替代,我们仍采取这种方式进行相关统计。企业的行业划分是依照国家统计局的行业标准,对比各企业的营业范围,以主营业务为依据确定。

为了使数据更权威、更具说明性,我们选取了行业案件数排名前 5 的 5 个行业进行分析,分别为:批发和零售业、房地产业、制造业、租赁和商业服务业、金融业。如表 15 所示,可以看出各地企业涉欺诈案件数最多的是批发和零售业,为 1 734 件,制造业和房地产业案件数量大致相同,分别为 1 184、1 128 件,而其他行业诸如租赁和商业服务业、金融业等行业涉欺诈案件相对来说都较小。

表 15　　　　　　　　　　　2017 年各地企业涉欺诈案件中所属行业分布

企业涉欺诈案件所属行业	批发和零售业	制造业	房地产业	租赁和商业服务业	金融业
案件数	1 734	1 184	1 128	855	486
比例(%)	21.73	14.84	14.14	10.72	6.09

为了更好地描述各地企业涉欺诈案件所属行业的分布状况,我们用各行业企业涉欺诈所属行业案件数除以企业涉欺诈案件的比例来衡量涉欺诈案件的行业分布。如表 15 所示,批发零售业涉欺诈案件占比最高为 21.73%,我们认为该行业欺诈案件高发的原因主要有以下几个方面:首先,批发零售业经营成本低,规模可大可小,特别是互联网的普及和迅速发展,致使该行业迅速发展,经营人数也不断增加;其次,在庞杂的批发零售行业中,由于门槛低,进入该行业比较容易,也可能造成欺诈

案件较多的现象。房地产业一直是目前中国"较热"的行业,其占比14.14%也不足为奇,租赁和商业服务业、金融业企业涉欺诈案件占比则逐渐降低。

综观上述几个行业,不难断定涉欺诈类案件多发生于第三产业,所以我们接下来具体分析各行业案件的区域分布情况。

(一)批发零售业

如图11所示,从案件绝对数来看,批发零售业案件数排名前几的地区为北京、广东、山东、上海和江苏,由此可以看出,这些地区均位于东部沿海地区、经济发达已形成自身特色的批发零售商业圈、产业链,如广东、江苏都是服装纺织、玩具礼品等轻工业发达的地区;北京作为首都,上海作为商业中心,批发零售行业更是朝着多元的方向发展,例如大型零售百货、汽车、日常用品及电子销售等。而批发零售案件数较少的地区为宁夏、青海、海南和西藏,这些地区均位于中西部尤其是西部,经济欠发达从而导致不适合发展批发零售业。

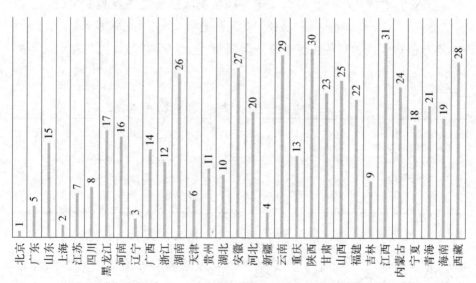

图11 2017年各地企业涉欺诈案件中所属行业为批发零售业案件数(件)

从批发零售业案件占比来看,各地区批发零售业涉欺诈案件的排名有所变化,如图12所示,占比排名前几的地区为黑龙江、青海、宁夏、上海、天津和山东,其中值得说明的是青海和宁夏由于企业涉欺诈案件数量本

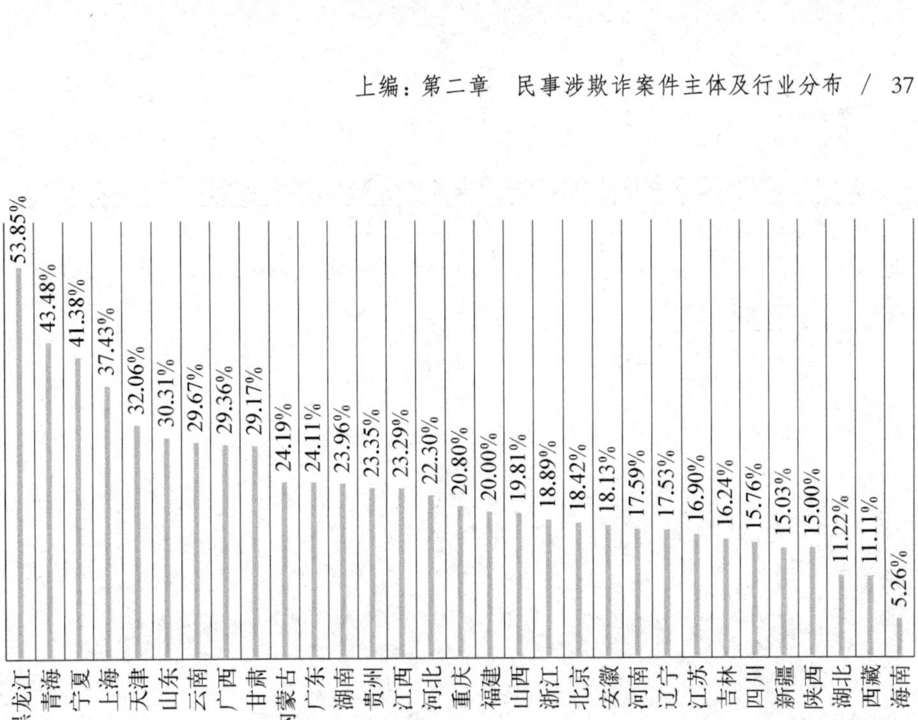

图 12　2017 年各地企业涉欺诈案件中所属行业为批发零售业案件占比

身就较少，所以所占比例参考意义不大。黑龙江批发零售业涉欺诈案件占比居于全国第一，并且超过一半为 53.85%。从图 12 可以看出，批发零售业案件占比较少的地区依然为中西部经济欠发达地区，不适合发展批发零售业。

上面分析过批发零售业涉欺诈案件的区域分布状况，可见一个区域某一类案件是否多发与该地域一定的经济社会状况密切相关，为了进一步研究各行业涉欺诈案件数与各区域社会经济因素之间的联系，我们将从各省 GDP、人均可支配收入和城镇人口比例入手，分别进行位差分析和相关性分析，以找出其中可能存在的关联关系。

1. 批发零售业案件与 GDP 排名位差。我们按照从大到小的顺序将各地区企业批发零售业涉欺诈案件和各省 GDP 进行排名，之后再将前者减去后者得出两者之间的位差，结果如表 16 所示。位差为正表明涉欺诈案件为批发和零售业排名靠后而该省的 GDP 排名较为靠前，也即该地经济发达但批发零售业涉欺诈案件发生频率较小。位差为负则表示 GDP 排名虽靠后，但涉欺诈案件发生数排名却较为靠前。位差绝对值越接近 0 表示该地此行业涉欺诈案件排名与 GDP 排名相差较小，绝对值越大则表示该地 GDP 与此行业涉欺诈案件排名相差较大。

表 16　2017 年各地区企业批发和零售业涉欺诈案件数排名与 GDP 排名位差

地　区	批发和零售业案件数排名	GDP排名	位差	地　区	批发和零售业案件数排名	GDP排名	位差
北　京	1	12	−11	河　北	17	8	9
广　东	2	1	1	新　疆	18	26	−8
山　东	3	3	0	云　南	19	20	−1
上　海	4	11	−7	重　庆	20	17	3
江　苏	5	2	3	陕　西	21	15	6
四　川	6	6	0	甘　肃	22	27	−5
黑龙江	7	22	−15	山　西	23	23	0
河　南	8	5	3	福　建	24	10	14
辽　宁	9	14	−5	吉　林	25	24	1
广　西	10	19	−9	江　西	26	16	10
浙　江	11	4	7	内蒙古	27	21	6
湖　南	12	9	3	宁　夏	28	29	−1
天　津	13	18	−5	青　海	29	30	−1
贵　州	14	25	−11	海　南	30	28	2
湖　北	15	7	8	西　藏	31	31	0
安　徽	16	13	3				

　　如表 16,总体来看,全国大部分地区位差绝对值都在 10 以内,这在一定程度上表明批发零售业涉欺诈案件的发生情况与各地的经济水平较为一致,也就是说当一个地区经济较为发达时,该地批发零售业涉欺诈案件发生频率较高,反之则亦然。我们可以清楚地看出位差绝对值较小的地区为山东省(0)、四川省(0)、山西省(0)和西藏自治区(0)也就是说这些地区 GDP 排名和批发零售行业涉欺诈案件排名差距较小,而黑龙江省(15)、福建省(14)、北京市(11)和贵州省(11)等这些地区位差绝对值都较大,北京、黑龙江和贵州这三个地区位差均为负。

　　2. 批发零售业案件与人均可支配收入排名位差。我们按照从大到小的顺序将各省批发零售业涉欺诈案件数量和各地人均可支配收入进行排名,前者减去后者得出两者之间的位差,结果如表 17 所示。位差为正表明涉欺诈案件批发和零售业排名靠后,而该省的人均可支配收入排名较为靠前。位差为负则表示该地人均可支配收入排名虽靠后,但涉欺诈案件发生数排名却较为靠前。位差绝对值越接近 0 表示该地此行业涉欺诈案件排名与人均可支配收入排名相差较小,绝对值越大则表示该地人均可支配收入与此行业涉欺诈案件排名相差较大。

表 17　　　　　　2017 年各地区企业批发和零售业涉欺诈案件数
排名与人均可支配收入排名位差

地　区	批发和零售业案件数排名	人均可支配收入排名	位差	地　区	批发和零售业案件数排名	人均可支配收入排名	位差
北　京	1	2	－1	河　北	17	17	0
广　东	2	6	－4	新　疆	18	25	－7
山　东	3	9	－6	云　南	19	28	－9
上　海	4	1	3	重　庆	20	11	9
江　苏	5	5	0	陕　西	21	20	1
四　川	6	21	－16	甘　肃	22	30	－8
黑龙江	7	19	－12	山　西	23	23	0
河　南	8	24	－16	福　建	24	7	17
辽　宁	9	8	1	吉　林	25	18	7
广　西	10	26	－16	江　西	26	15	11
浙　江	11	3	8	内蒙古	27	10	17
湖　南	12	13	－1	宁　夏	28	22	6
天　津	13	4	9	青　海	29	27	2
贵　州	14	29	－15	海　南	30	14	16
湖　北	15	12	3	西　藏	31	31	0
安　徽	16	16	0				

　　如表 17 所示，总体上全国大部分地区位差绝对值都在 10 以内，这在一定程度上表明批发零售业涉欺诈案件的发生情况与人均可支配收入较为一致，也就是说当一个地区人均可支配收入较高时，该地批发零售业涉欺诈案件发生频率较高，反之则亦然。位差最小的六个省份分别是：四川省（－16）、河南省（－16）、广西壮族自治区（－16）、贵州省（－15）。

　　位差为 0 的地区为江苏省（0）、安徽省（0）、河北省（0）、山西省（0）和西藏自治区（0），正如前文所述这些地区批发零售业涉欺诈案件发生数量和人均GDP 状况较为一致，位差较大的地区为福建省（17）、内蒙古自治区（17）和海南省（16），这表明这些地区批发零售行业涉欺诈案件发生频率较低但人均可支配收入相对较高，也就是说批发零售行业和人均可支配收入之间差异较大。

　　3. 批发零售业案件与城镇人口比例排名位差。在上述企业涉欺诈案件中所属行业为批发和零售业案件数的统计基础上，我们将各省的城镇人口比例同样按照从大到小的方式进行排名，前者减去后者得出两者之间的位差，结果如表 18 所示。位差为正表明涉欺诈案件为批发和零售业排名靠后而该省的城镇化人口比例排名较为靠前。位差为负则表示该地城镇人口比例排名虽靠后,但涉欺诈案件发生数排名却较为靠前。位差绝对值越接近 0 表示该地此行业涉欺诈案件排名与城镇化人口比例排名相差较小,绝对值越大则表示该地城镇化人口比例与此行业涉欺诈案件排名相差较大。

表 18　2017 年各地区企业批发和零售业涉欺诈案件数排名与城镇人口比例排名位差

地　区	批发和零售业案件数排名	城镇人口比例排名	位差	地　区	批发和零售业案件数排名	城镇人口比例排名	位差
北　京	1	2	−1	河　北	17	19	−2
广　东	2	4	−2	新　疆	18	26	−8
山　东	3	11	−8	云　南	19	28	−9
上　海	4	1	3	重　庆	20	9	11
江　苏	5	5	0	陕　西	21	17	4
四　川	6	24	−18	甘　肃	22	29	−7
黑龙江	7	12	−5	山　西	23	16	7
河　南	8	25	−17	福　建	24	8	16
辽　宁	9	7	2	吉　林	25	18	7
广　西	10	27	−17	江　西	26	21	5
浙　江	11	6	5	内蒙古	27	10	17
湖　南	12	20	−8	宁　夏	28	15	13
天　津	13	3	10	青　海	29	23	6
贵　州	14	30	−16	海　南	30	14	16
湖　北	15	13	2	西　藏	31	31	0
安　徽	16	22	−6				

如表 18 所示,总体上全国大部分地区位差绝对值都在 10 以内,这在一定程度上表明批发零售业涉欺诈案件的发生情况与城镇化人口比例较为一致,也就是说当一个地区城镇化程度较高时,该地批发零售业涉欺诈案件发生频率较高,反之则亦然。位差最小的六个省份分别是:四川省(−18)、河南省(−17)、广西壮族自治区(−17)、贵州省(−16)。

位差为 0 的地区为江苏省(0)和西藏自治区(0),正如前文所述这些地区批发零售业涉欺诈案件发生数量和人均 GDP 状况较为一致;位差较大的地区为内蒙古自治区(17)、福建省(16)和海南省(16)，这表明这些地区批发零售行业涉欺诈案件发生频率较低但城镇化比例相对较高，这种情况和上述批发零售行业案件数和人均可支配收入排名的位差较为一致。

综上，对比上述各地企业涉欺诈案件所属行业为批发和零售业案件数排名与人均可支配收入排名的位差，批发零售业涉欺诈案件数排名与城镇化比例排名的各地区的位差二者极为相似。

(二) 房地产业

接下来，我们来看各地企业涉欺诈案件中所属行业为房地产业案件发生情况。如上文所述，从案件绝对数量和案件占比来综合衡量，全国企业房地产业涉欺诈案件较批发零售业案件较少，这在一定程度上表明全国房地产行业诚信度相对较好。具体来看，山东省房地产业涉欺诈案件全国占比最高，为37.73％，海南省、陕西省也居于前三，为34.21％ 和 33.13％。其中海南省因为企业涉欺诈案件基数相对较小故出现这种极端的情况。而北京、上海、广东这些我们通常意识中房地产业较为发达的地区涉欺诈案件并不是很多，上海和北京企业房地产业涉欺诈案件占比甚至位于全国后三位。我们认为出现这种情况主要原因可能有以下几个方面：一是这些地区虽然房地产业发达，但已接近饱和状态；二是房地产业作为相对成熟的产业，其相关产业链基本形成，相应市场规范也比较完善；三是这些地区房地产相关法律法规、监管措施都较为健全，故欺诈案件发生较少。而山东、陕西、贵州等地区经济正处于平稳发展的时期，其房地产业也稳健发展。随着宏观调控政策的持续推行，2017 年山东省房地产市场平稳健康发展，房地产投资增速有所走缓但开发投资总额仍不断增加，房地产业仍属于"较热"的行业，这就使得山东省房地产业在发展过程中容易出现问题。为此，山东省人民政府在 2015 年就颁布了《山东省房地产业转型升级实施方案的通知》，其中指出市县要组织编制《住房建设规划(2016—2020)》，尽快实现房地产交易合同网签全覆盖，全面实行商品房预售资金监管和二手房交易资金监管，保障当事人合法权益，维护社会稳定。加强监督检查，依法查处扰乱市场秩序、侵害群众利益的行为，加大对违法违规行为的处罚力度和市场清出力度。[1]

---

[1]《山东省人民政府办公厅关于印发〈山东省房地产业转型升级实施方案〉的通知》，鲁政办字〔2015〕151 号。

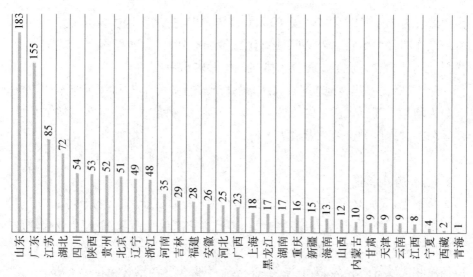

图 13　2017 年各地企业涉欺诈案件中所属行业为房地产业案件数(件)

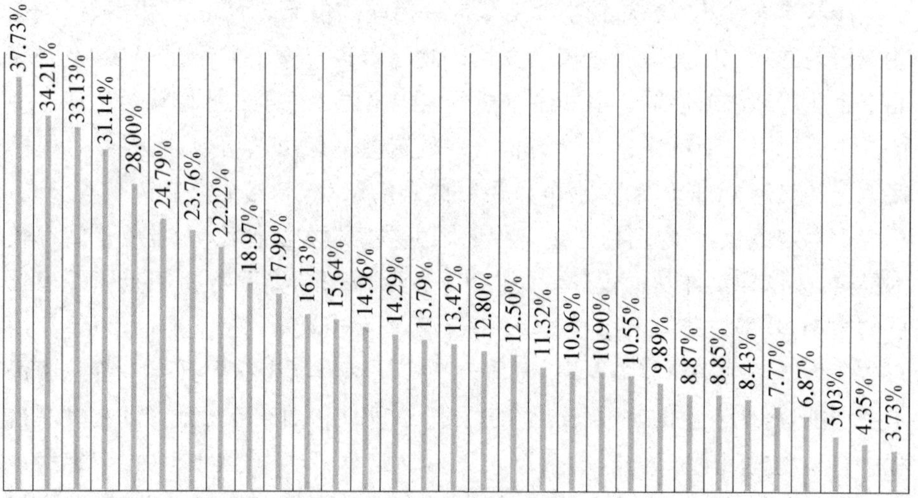

图 14　2017 年各地企业涉欺诈案件中所属行业为房地产业案件占比

1. 房地产业案件与 GDP 排名位差。我们按照从大到小的顺序将各地区企业房地产业涉欺诈案件和各省 GDP 进行排名,之后再将前者减去后者得出两者之间的位差,结果如表 19 所示。位差为正表明涉欺诈案件为房地产业排名靠后而该省的 GDP 排名较为靠前,也即该地经济发达但房地产业涉欺诈案件发生频率较小。位差为负则表示 GDP 排名虽靠后，但涉欺诈案件为房地产业发生数排名却较为靠前。位差绝对值越接近 0 表示该地此行业涉欺诈案件排名与 GDP 排名相差较小，绝对值越大表示该地 GDP 与此行业涉欺诈案件排名相差较大。

表 19　　2017 年各地区企业房地产业涉欺诈案件数排名与 GDP 排名位差

地　区	房地产涉欺诈案件数排名	GDP排名	位差	地　区	房地产涉欺诈案件数排名	GDP排名	位差
山　东	1	3	-2	上　海	17	11	6
广　东	2	1	1	黑龙江	18	22	-4
江　苏	3	2	1	湖　南	19	9	10
湖　北	4	7	-3	重　庆	20	17	3
四　川	5	6	-1	新　疆	21	26	-5
陕　西	6	15	-9	海　南	22	28	-6
贵　州	7	25	-18	山　西	23	23	0
北　京	8	12	-4	内蒙古	24	21	3
辽　宁	9	14	-5	甘　肃	25	27	-2
浙　江	10	4	6	天　津	26	18	8
河　南	11	5	6	云　南	27	20	7
吉　林	12	24	-12	江　西	28	16	12
福　建	13	10	3	宁　夏	29	29	0
安　徽	14	13	1	西　藏	30	31	-1
河　北	15	8	7	青　海	31	30	1
广　西	16	19	-3				

如表 19，全国大部分地区位差绝对值都在 10 以内，这在一定程度上表明房地产业涉欺诈案件的发生情况与各地的经济水平较为一致，也就是说当一个地区经济较为发达时，该地房地产业涉欺诈案件发生频率较高，反之亦然。我们可以清楚地看出位差绝对值较小的地区为山西省（0）和宁夏回族自治区（0），也就是说这两个地区 GDP 排名和房地产行业涉欺诈案件排名差距较小，而贵州省（18）、吉林省（12）和江西省（12）等这些地区位差绝对值都较大，贵州和吉林这两个地区位差均为负，这表明这些地区房地产业涉欺诈案件发生较多而 GDP 排名较为靠后。

　　2. 房地产业案件与人均可支配收入排名位差。我们按照从大到小的顺序将各省房地产业涉欺诈案件数量和各地人均可支配收入进行排名，前者减去后者得出两者之间的位差,结果如表 20 所示。位差为正表明涉欺诈案件为房地产业排名靠后而该省的人均可支配收入排名较为靠前。位差为负则表示该地人均可支配收入排名虽靠后,但涉欺诈案件发生数排名却较为靠前。位差绝对值越接近 0 表示该地此行业欺诈案件排名与人均可支配收入排名相差较小,绝对值越大则表示该地人均可支配收入与此行业涉欺诈案件排名相差较大。

表 20　　2017 年各地区企业房地产业涉欺诈案件数
排名与人均可支配收入排名位差

地　区	房地产涉欺诈案件数排名	人均可支配收入排名	位差	地　区	房地产涉欺诈案件数排名	人均可支配收入排名	位差
山　东	1	9	−8	上　海	17	1	16
广　东	2	6	−4	黑龙江	18	19	−1
江　苏	3	5	−2	湖　南	19	13	6
湖　北	4	12	−8	重　庆	20	11	9
四　川	5	21	−16	新　疆	21	25	−4
陕　西	6	20	−14	海　南	22	14	8
贵　州	7	29	−22	山　西	23	23	0
北　京	8	2	6	内蒙古	24	10	14
辽　宁	9	8	1	甘　肃	25	30	−5
浙　江	10	3	7	天　津	26	4	22
河　南	11	24	−13	云　南	27	28	−1
吉　林	12	18	−6	江　西	28	15	13
福　建	13	7	6	宁　夏	29	22	7
安　徽	14	16	−2	西　藏	30	31	−1
河　北	15	17	−2	青　海	31	27	4
广　西	16	26	−10				

　　如表 20 所示,总体上全国大部分地区位差绝对值都在 10 以内,这在一定程度上表明房地产业涉欺诈案件的发生情况与人均可支配收入较为一致,也就是说当一个地区人均可支配收入较高时,该地房地产业涉欺诈案件发生频率较高,反之则亦然。我们可以清楚地看出位差绝对值较小的地区为山西省(0)、辽宁省(1)和黑龙江省(−1),也就是说这三个地区人均可支配收入排名和房地产行业欺诈案件排名差距较小,而贵州省(−22)、天津市(22)、四川省(−16)和上海市(16)等这些地区位差绝对值都较大,其中贵州和四川这两个地区位差均为负,这

表明这些地区房地产业涉欺诈案件发生较多而人均可支配收入排名较为靠后。而天津和上海这两个直辖市位差均为正，这表明这两个地区人均可支配收入排名靠前但房地产行业欺诈案件排名靠后。正如上文所述，经济社会发展水平较高的省份，其该类欺诈案件发案数排名却相对靠后，可能是当社会经济发展到一定程度时，其社会诚信意识增强，人口素质较高，政府监管体制机制相对健全，所以人们在商品房交易过程中被欺诈的可能性降低。

3. 房地产业案件与城镇人口比例排名位差。我们按照从大到小的顺序将各省房地产业涉欺诈案件数量和各地城镇人口比例进行排名，前者减去后者得出两者之间的位差，结果如表 21 所示。位差为正表明涉欺诈案件为房地产业排名靠后而该省的城镇人口比例排名较为靠前。位差为负则表示该地城镇人口比例排名虽靠后，但欺诈案件发生数排名却较为靠前。位差绝对值越接近 0 表示该地此行业涉欺诈案件排名与城镇人口比例排名相差较小，绝对值越大则表示该地城镇人口比例与此行业涉欺诈案件排名相差较大。

表 21　2017 年各地区企业房地产业涉欺诈案件数排名与城镇人口比例排名位差

地　区	房地产涉欺诈案件数排名	城镇人口比例排名	位差	地　区	房地产涉欺诈案件数排名	城镇人口比例排名	位差
山　东	1	11	−10	上　海	17	1	16
广　东	2	4	−2	黑龙江	18	12	6
江　苏	3	5	−2	湖　南	19	20	−1
湖　北	4	13	−9	重　庆	20	9	11
四　川	5	24	−19	新　疆	21	26	−5
陕　西	6	17	−11	海　南	22	14	8
贵　州	7	30	−23	山　西	23	16	7
北　京	8	2	6	内蒙古	24	10	14
辽　宁	9	7	2	甘　肃	25	29	−4
浙　江	10	6	4	天　津	26	3	23
河　南	11	25	−14	云　南	27	28	−1
吉　林	12	18	−6	江　西	28	21	7
福　建	13	8	5	宁　夏	29	15	14
安　徽	14	22	−8	西　藏	30	31	−1
河　北	15	19	−4	青　海	31	23	8
广　西	16	27	−11				

如表 21 所示,我们从总体上来看,全国各地区位差绝对值没有较为特殊的规律,各个地区都有其特别之处。我们可以清楚地看出位差绝对值较小的地区为湖南省(-1)、云南省(-1)和西藏自治区(-1),也就是说这三个地区城镇化比例排名和房地产行业欺诈案件排名差距较小,而贵州省(-23)、天津市(23)、四川省(-19)和上海市(16)等这些地区位差绝对值都较大,其中贵州和四川这两个地区位差均为负,这表明这些地区房地产业涉欺诈案件发生较多而城镇化人口比例排名较为靠后。我们认为出现这种情况的原因是这两个地区城镇化人口比例水平处于全国靠后位置,配套体制机制不健全,使得房地产业涉欺诈案件发生频率相对较高;而天津和上海这两个直辖市位差均为正,表明这两个地区城镇化人口比例排名靠前但房地产行业涉欺诈案件排名靠后,正如上文所述,在城镇化水平较高的地区,房地产建设起步较早,各种相关配套措施也较为完善,从而使得这些地区房地产行业涉欺诈案件发生频率相对较低。

(三) 制造业

我们来看各地企业涉欺诈案件中所属行业为制造业案件发生情况,如上文所述,总体上来看,全国各地区制造业涉欺诈案件无论是在绝对数量上还是案件占比上相对较少,这在一定程度上表明全国制造业诚信度相对较好。如图 15 所示,从绝对数量上来看,广东省制造业涉欺诈案件数量居于全国第一,

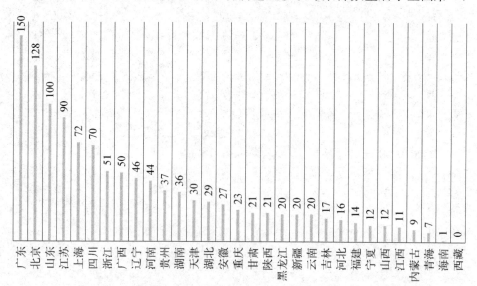

图 15　2017 年各地企业涉欺诈案件中所属行业为制造业案件数(件)

为 150 件,广东位于东部沿海地区,在中国制造业最为发达的地方之一就是珠三角,所以广东省制造业涉欺诈案件排名全国第一也不足为奇。北京市和山东省制造业涉欺诈案件数量分别为 128 件和 100 件,从地理位置看制造业涉欺诈案件发生频率较高的地区大部分位于东部沿海发达地区,如长三角和珠三角地区,江浙的机械工业比较发达,在江苏,集聚着 300 多家世界 500 强企业,其中大部分集中于制造业。全国大部分地区涉欺诈案件数量均在 100 件以下,这表明全国制造行业社会诚信状况相对较好,欺诈案件发生频率相对较低。

　　从占比来看,全国各地区制造业涉欺诈案件占比均在 50% 以下,这进一步印证了我国制造业诚信状况相对较好。其中宁夏、青海和甘肃三个地区因制造业涉欺诈案件基数较小而使得案件占比排在全国前三位,其余各地区制造业涉欺诈案件占比情况大致相近。为了进一步研究制造行业涉欺诈案件发生情况,我们将其与可能影响案件发生的因素进行比较分析。

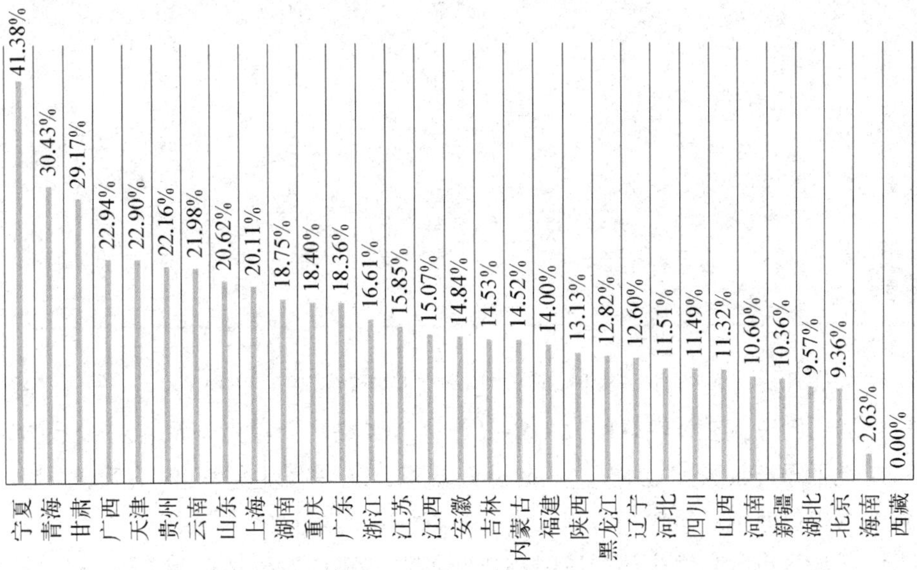

图 16　2017 年各地企业涉欺诈案件中所属行业为制造业案件占比

　　1. 制造业案件与 GDP 排名位差。我们按照从大到小的顺序将各地区企业制造业涉欺诈案件和各省 GDP 进行排名,之后再将前者减去后者得出两者之间的位差,结果如表 22 所示。位差为正表明涉欺诈案件制造业排名靠后而该省的 GDP 排名较为靠前,也即该地经济发达但制造业涉欺诈案件发生频率较小。位差为负则表示 GDP 排名虽靠后,但涉欺诈案件发生数排名却较为靠前。位差绝对值越接近 0 表示该地此行业涉欺诈案件排名与 GDP 排名相差较小,绝对值越大则表示该地 GDP 与此行业涉欺诈案件排名相差较大。

表 22 2017 年各地区企业制造业涉欺诈案件数排名与 GDP 排名位差

地 区	制造业涉欺诈案件数排名	GDP 排名	位差	地 区	制造业涉欺诈案件数排名	GDP 排名	位差
广 东	1	1	0	甘 肃	17	27	−10
北 京	2	12	−10	陕 西	18	15	3
山 东	3	3	0	黑龙江	19	22	−3
江 苏	4	2	2	新 疆	20	26	−6
上 海	5	11	−6	云 南	21	20	1
四 川	6	6	0	吉 林	22	24	−2
浙 江	7	4	3	河 北	23	8	15
广 西	8	19	−11	福 建	24	10	14
辽 宁	9	14	−5	宁 夏	25	29	−3
河 南	10	5	5	山 西	26	23	2
贵 州	11	25	−14	江 西	27	16	11
湖 南	12	9	3	内蒙古	28	21	7
天 津	13	18	−5	青 海	29	30	−1
湖 北	14	7	7	海 南	30	28	2
安 徽	15	13	2	西 藏	31	31	0
重 庆	16	17	−1				

如表 22,大体来看,全国大部分地区位差绝对值都在 10 以内,这在一定程度上表明制造业欺诈案件的发生情况与各地经济水平较为一致,也就是说当一个地区经济较为发达时,该地制造业涉欺诈案件发生频率较高,反之则亦然。其中位差绝对值较小的地区为广东省(0)、山东省(0)、四川省(0)和西藏自治区(0),也就是说这几个地区制造业涉欺诈案件发生情况与 GDP 较为一致;而河北省(15)、福建省(14)、贵州省(−14)、广西壮族自治区(−11)和甘肃省(−10)等这些地区位差绝对值都较大,河北和福建这两个地区位差均为正,这表明这些地区制造业涉欺诈案件发生较少而 GDP 排名相对来说靠前,我们认为出现这种情况的原因可能与这两个地区人口有关,这两个地区人口较多而使得 GDP 总量排名较为靠前。而贵州、广西和甘肃这三个地区位差均为负,这表明这些地区制造业涉欺诈案件发生数较多而 GDP 排名相对靠后。

表 23　　2017 年各地区企业制造业涉欺诈案件数排名与人均可支配收入排名位差

地　区	制造业涉欺诈案件数排名	人均可支配收入排名	位差	地　区	制造业涉欺诈案件数排名	人均可支配收入排名	位差
广　东	1	6	−5	甘　肃	17	30	−13
北　京	2	2	0	陕　西	18	20	−2
山　东	3	9	−6	黑龙江	19	19	0
江　苏	4	5	−1	新　疆	20	25	−5
上　海	5	1	4	云　南	21	28	−7
四　川	6	21	−15	吉　林	22	18	4
浙　江	7	3	4	河　北	23	17	6
广　西	8	26	−18	福　建	24	7	17
辽　宁	9	8	1	宁　夏	25	22	3
河　南	10	24	−14	山　西	26	23	3
贵　州	11	29	−18	江　西	27	15	12
湖　南	12	13	−1	内蒙古	28	10	18
天　津	13	4	9	青　海	29	27	2
湖　北	14	12	2	海　南	30	14	16
安　徽	15	16	−1	西　藏	31	31	0
重　庆	16	11	5				

2. 制造业涉欺诈案件与人均可支配收入排名位差。我们按照从大到小的顺序将各地区企业制造业涉欺诈案件和各省人均可支配收入进行排名，之后再将前者减去后者得出两者之间的位差，结果如表 23 所示。位差为正表明涉欺诈案件制造业排名靠后而该省的人均可支配收入排名较为靠前。位差为负则表示人均可支配收入排名虽靠后，但欺诈案件发生数排名却较为靠前。位差绝对值越接近 0 表示该地此行业涉欺诈案件排名与人均可支配收入排名相差较小，绝对值越大则表示该地人均可支配收入与此行业涉欺诈案件排名相差较大。

其中位差为负的五个地区分别是：广西壮族自治区（−18）、贵州省（−18）、四川省（−15）、河南省（−14）和甘肃省（−13），这几个省份人均可支配收入在全国排名也都比较靠后；位差为正的五个地区是：内蒙古自治区（18）、福建省（17）、海南省（16）、江西省（12）和天津市（9）。

3. 制造业涉欺诈案件与第二产业增加值排名位差。制造业是指机械工业时代对制造资源（物料、能源、设备、工具、资金、技术、信息和人力等），按照市场要求,通过制造过程,转化为可供人们使用和利用的大型工具、工业品与生活消费产品的行业。制造产业属于第二产业,主要利用自然界和第一产业提供的基本材料进行加工处理。为此,我们按照从大到小的顺序将各地区企业制造业涉欺诈案件和各省第二产业增加值进行排名,之后再将前者减去后者得出两者之间的位差,结果如表24所示。位差为正表明涉欺诈案件制造业排名靠后而该省的第二产业增加值排名较为靠前。位差为负则表示第二产业增加值排名虽靠后,但涉欺诈案件发生数排名却较为靠前。位差绝对值越接近0表示该地此行业涉欺诈案件排名与第二产业增加值排名相差较小,绝对值越大则表示该地第二产业增加值与此行业涉欺诈案件排名相差较大。

表24　2017年各地区企业制造业涉欺诈案件数排名与第二产业增加值排名位差

地 区	制造业涉欺诈案件数排名	第二产业增加值排名	位差	地 区	制造业涉欺诈案件数排名	第二产业增加值排名	位差
广　东	1	2	−1	甘　肃	17	27	−10
北　京	2	24	−22	陕　西	18	12	6
山　东	3	3	0	黑龙江	19	25	−6
江　苏	4	1	3	新　疆	20	26	−6
上　海	5	14	−9	云　南	21	22	−1
四　川	6	9	−3	吉　林	22	19	3
浙　江	7	4	3	河　北	23	6	17
广　西	8	18	−10	福　建	24	8	16
辽　宁	9	15	−6	宁　夏	25	28	−3
河　南	10	5	5	山　西	26	20	6
贵　州	11	23	−12	江　西	27	13	14
湖　南	12	10	2	内蒙古	28	21	7
天　津	13	17	−4	青　海	29	29	0
湖　北	14	7	7	海　南	30	30	0
安　徽	15	11	4	西　藏	31	31	0
重　庆	16	16	0				

如表24,大体来看,全国大部分地区位差绝对值都在10以内,这在一定程度上表明制造业涉欺诈案件的发生情况与各地第二产业增加值较为一致,也就是说当一个地区制造业较为发达时,该地制造业涉欺诈案件发生频率较高,反之则亦然。我们可以看出制造业涉欺诈案件发生数量较高的地区一般第二

产业增加值也相对较高。

其中位差绝对值较小的地区为山东省(0)、重庆市(0)、青海省(0)、海南省(0)和西藏自治区(0)，也就是说这几个地区第二产业增加值排名和制造行业欺诈案件排名差距较小，制造业涉欺诈案件发生情况与第二产业增加值较为一致；而北京市(-22)、河北省(17)、福建省(16)和贵州省(-12)等这些地区位差绝对值都较大。以北京市为例，其制造业涉欺诈案件排名居于全国第2位，但第二产业增加值排名却较为靠后，我们认为北京市制造业涉欺诈案件较多可能与该地人民法治意识较高，以及案件上网率高等有关，而作为经济发达地区，第二产业增加值本来就不是很高，所以造成北京市绝对值位差较大。河北省和福建省第二产业增加值处于全国中上水平，而制造业涉欺诈案件发生频率却不高。

(四) 金融业

各地区企业涉欺诈案件中所属行业为金融业案件的情况，如图17和图18所示。总体来看，全国金融行业欺诈案件发生数量较少，大部分地区金融行业中此类案件的发生数量在50件以下，金融业涉欺诈案件发生数量较多的地区都位于东部沿海发达地区，其中浙江省无论是案件数量还是占比均居于前。我们认为出现这种情况主要有以下两个原因：首先，浙江作为东部沿海发达地区，近年来金融行业发展迅速，监管措施、法律法规相对不尽完善使得该行

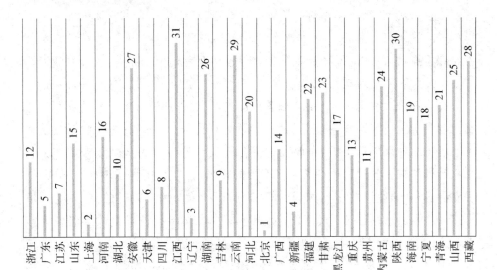

图17 2017年各地企业涉欺诈案件中所属行业为金融业案件数(件)

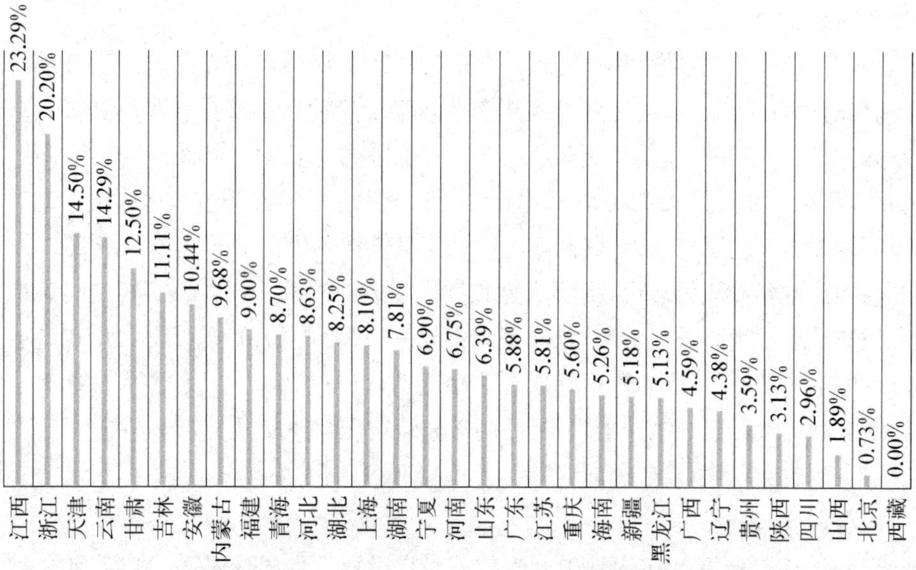

图18　2017年各地企业涉欺诈案件中所属行业为金融业案件占比

业涉欺诈案件多发。其次,与之相邻的上海作为全国经济中心,金融业发展历史久远,金融监管措施、法律法规完善。江西省金融行业涉欺诈案件占比居于全国第一,我们认为出现这种情况的原因除了与江西省自身地处长江三角洲经济区、珠江三角洲经济区和海峡西岸经济区的中心腹地,使得其金融业繁荣之外,还与该省金融业案件绝对数量不多,导致基数较小有着密切的关系。值得一提的是北京和上海两地,作为经济最发达的两个地区,金融业涉欺诈案件占比却不高,这在一定程度上表明两地金融监管措施相对完善,故金融业涉欺诈案件发生频率相对较低。

1. 金融业案件与 GDP 排名位差。首先,我们将各地区企业涉欺诈案件所属行业为金融业案件与各地 GDP 进行了分析比较。我们对两个数据按从大到小的顺序分别进行了排名,如表 25 所示,二者的位差为金融业涉欺诈案件发生数排名减去各地区生产总值(GDP)的排名,位差为正表示该地区 GDP 排名靠前,但金融业涉欺诈案件数量却较为靠后,位差为负则亦然;位差绝对值越接近 0 则表示地区生产总值与金融行业中涉欺诈案件发生数排名较为接近,绝对值接近或大于 10 时则相反。

由表 25 可以看出,绝大部分地区的绝对值位差都在 10 以下,这在一定程度上可以表明金融业涉欺诈案件的发生情况和各地区的 GDP 较为一致,甚至大部分地区的位差绝对值在 5 以下，这进一步说明金融业欺诈案件的发生情况与 GDP 之间的关系较为密切。其中金融业排名前几位的地区如浙江省、广东省、江苏省等东部沿海地区，这些地区 GDP 排名也位于全国前几位，这些地区也属于人口众多的地区，金融业与经济发展水平息息相关，而由于人口众多，流动较大，相关主体之间联系密切，使得这几个地区金融业涉欺诈案件发生频率较高。而像宁夏、青海和西藏等西部欠发达地区，金融业不发达使得欺诈案件发生数量相对较少。陕西、福建和吉林这三个地区位差绝对值都在 10 以上，这表明这些地区金融业涉欺诈案件发生可能还受其他因素的影响。

表 25　　　2017 年各地区企业金融业涉欺诈案件数排名与 GDP 排名位差

地　区	金融业涉欺诈案件数排名	GDP排名	位差	地　区	金融业涉欺诈案件数排名	GDP排名	位差
浙　江	1	4	−3	北　京	17	12	5
广　东	2	1	1	广　西	18	19	−1
江　苏	3	2	1	新　疆	19	26	−7
山　东	4	3	1	福　建	20	10	10
上　海	5	11	−6	甘　肃	21	27	−6
河　南	6	5	1	黑龙江	22	22	0
湖　北	7	7	0	重　庆	23	17	6
安　徽	8	13	−5	贵　州	24	25	−1
天　津	9	18	−9	内蒙古	25	21	4
四　川	10	6	4	陕　西	26	15	11
江　西	11	16	−5	海　南	27	28	−1
辽　宁	12	14	−2	宁　夏	28	29	−1
湖　南	13	9	4	青　海	29	30	−1
吉　林	14	24	−10	山　西	30	23	7
云　南	15	20	−5	西　藏	31	31	0
河　北	16	8	8				

2. 金融业案件与人均 GDP 排名位差。我们在计算 GDP 的基础上引入了人均国内生产总值也就是人均 GDP 的概念。为了更加直观、清楚地看出各地企业金融行业欺诈案件发生数和人均 GDP 之间的变化，按照从大到小的顺序对两个数据进行了排名，如表 26 所示。两者的位差为各地金融业欺诈案件数排名减去各地人均 GDP 的排名，位差为正表示该地区人均 GDP 排名靠前，但

金融业涉欺诈案件发生数却靠后;位差为负则表示人均 GDP 排名虽靠后,但涉欺诈案件发生数排名却较为靠前。位差绝对值越接近 0 表示该地此行业涉欺诈案件排名与人均 GDP 排名相差较小,位差绝对值越大则表示该地人均 GDP 与此行业涉欺诈案件排名相差较大。

表 26   2017 年各地区企业金融业涉欺诈案件数排名与人均 GDP 排名位差

地 区	金融业涉欺诈案件排名	人均GDP	位差	地 区	金融业涉欺诈案件排名	人均GDP	位差
浙 江	1	5	−4	北 京	17	1	16
广 东	2	7	−5	广 西	18	20	−2
江 苏	3	4	−1	新 疆	19	28	−9
山 东	4	8	−4	福 建	20	6	14
上 海	5	2	3	甘 肃	21	31	−10
河 南	6	18	−12	黑龙江	22	26	−4
湖 北	7	11	−4	重 庆	23	10	13
安 徽	8	3	5	贵 州	24	29	−5
天 津	9	24	−15	内蒙古	25	9	16
四 川	10	21	−11	陕 西	26	12	14
江 西	11	23	−12	海 南	27	15	12
辽 宁	12	14	−2	宁 夏	28	17	11
湖 南	13	16	−3	青 海	29	22	7
吉 林	14	13	1	山 西	30	25	5
云 南	15	30	−15	西 藏	31	27	4
河 北	16	19	−3				

总体上各地区企业金融行业涉欺诈案件与人均 GDP 的位差绝对值较大,其中天津、北京、内蒙古等大部分地区位差绝对值均在 10 以上,而金融业涉欺诈案件发生数量排在前几位的地区位差绝对值相对较小,如浙江(−4)、广东(−5)、江苏(−1)等。

3. 金融业案件与人均可支配收入排名位差。为了更加全面地研究经济发展水平对一个地区金融行业中欺诈案件发生情况的影响,我们引入了人均可支配收入的概念。我们按照从大到小的顺序对两个数据进行了排名,如表 27 所示,二者的位差为各地金融业欺诈案件数排名减去各地人均可支配收入的排名,位差为正表示该地区人均可支配收入排名靠前,但金融业涉欺诈案件排名却靠后;位差为负则表示人均可支配收入排名虽靠后,但金融业涉欺诈案件排名却较为靠前。位差绝对值越接近 0 则表示该地人民生活水平与金融业涉欺诈案件发生频率相差较小，位差绝对值越大则表示该地人民生活水平与此行业涉欺诈案件发生频率之间差距较大。

表 27　各地区企业金融业涉欺诈案件数排名与人均可支配收入排名位差

地　区	金融业涉欺诈案件数排名	人均可支配收入排名	位差	地　区	金融业涉欺诈案件数排名	人均可支配收入排名	位差
浙　江	1	3	−2	北　京	17	2	15
广　东	2	6	−4	广　西	18	26	−8
江　苏	3	5	−2	新　疆	19	25	−6
山　东	4	9	−5	福　建	20	7	13
上　海	5	1	4	甘　肃	21	30	−9
河　南	6	24	−18	黑龙江	22	19	3
湖　北	7	12	−5	重　庆	23	11	12
安　徽	8	16	−8	贵　州	24	29	−5
天　津	9	4	5	内蒙古	25	10	15
四　川	10	21	−11	陕　西	26	20	6
江　西	11	15	−4	海　南	27	14	13
辽　宁	12	8	4	宁　夏	28	22	6
湖　南	13	13	0	青　海	29	27	2
吉　林	14	18	−4	山　西	30	23	7
云　南	15	28	−13	西　藏	31	31	0
河　北	16	17	−1				

我们可以清楚地看出浙江、广东、江苏和山东这些金融行业涉欺诈案件较多的地区位差绝对值分别为 2、4、2 和 5，作为东部沿海发达地区，这些地区人均可支配收入排名和金融行业涉欺诈案件排名差距较小，而河南（−18）、云南（−13）、四川（−11）等这些地区位差均为负数，这表明这些地区人民生活水平不高但金融行业涉欺诈案件发生频率却较高，我们认为这些地区均属于人口大省，人口流动大，从而使得金融行业涉欺诈案件频发。

（五）租赁和商业服务

接下来，我们来看各地区企业涉欺诈案件中所属行业为租赁和商业服务业案件情况，如图 19 和图 20，从案件绝对数量来看，全国各地区租赁和商业服

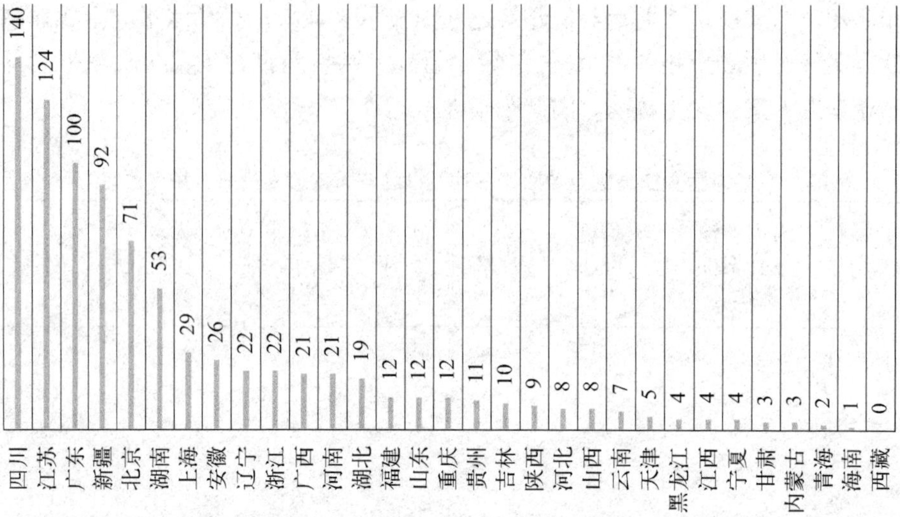

图19 2017年各地企业涉欺诈案件中所属行业为租赁和商业服务业案件数(件)

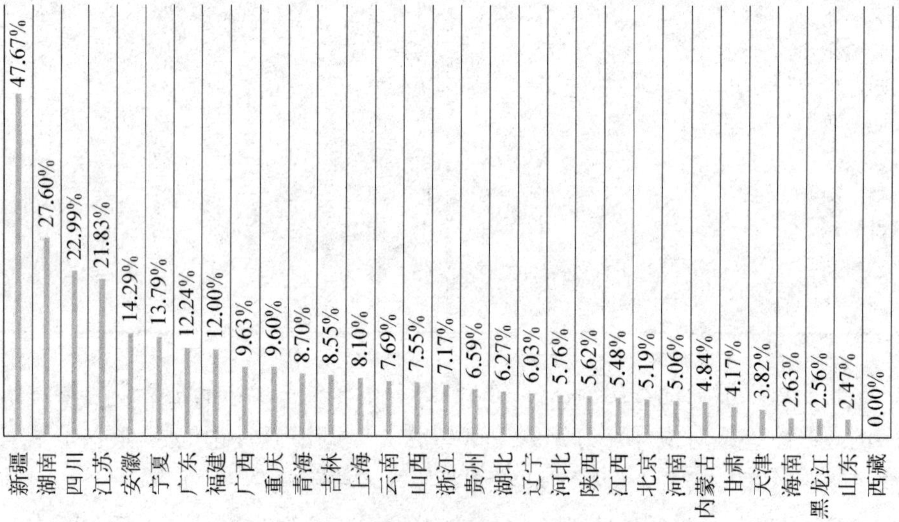

图20 2017年各地企业涉欺诈案件中所属行业为租赁和商业服务业案件占比

务行业诚信度相对来说较好,除了四川(140件)、江苏(124件)和广东(100件)以外,其他地区租赁和商业服务业欺诈案件数均少于100件,而这些地区就属于经济较为发达或人口众多的城市,租赁和商业服务业较为发达,相关主体活动频繁使得该行业欺诈案件频发。

而从图19、20来看,北京、上海这些经济发达城市租赁和商业服务业欺诈案件并不多，虽然这些省市该行业确实较为发达，我们认为出现这种现象的原因主要是因为这些地区该行业发展已经较为完善，相关部门监管措施也比较健全，故欺诈案件发生数也相对较少。而像四川、湖南、江苏、广东这些地区，租赁和商业服务业虽然较为发达，但在其发展过程中仍存在不少问题，导致该领域欺诈案件高发。

1. 租赁和商业服务业案件与 GDP 排名位差。为了清晰、直观地看出各地区企业涉欺诈案件所属行业为租赁和商业服务业案件发生数量和 GDP 之间的关系，我们对两个数据按从大到小的顺序分别进行了排名，如表 28 所示，二者的位差为租赁和商业服务业欺诈案件发生数排名减去 GDP 的排名，位差为正表示该地区 GDP 排名靠前，但租赁和商业服务业欺诈案件数量却较为靠后，位差为负则反之；位差绝对值越接近 0 则表示地区 GDP 与租赁和商业服务行业中欺诈案件发生数排名较为接近，绝对值接近或大于 10 时则相反。

表 28　2017 年各地区企业租赁和商业服务业涉欺诈案件数排名与 GDP 排名位差

地　区	租赁和商业服务业涉欺诈案件排名	GDP 排名	位差	地　区	租赁和商业服务业涉欺诈案件排名	GDP 排名	位差
四　川	1	6	−5	贵　州	17	25	−8
江　苏	2	2	0	吉　林	18	24	−6
广　东	3	1	2	陕　西	19	15	4
新　疆	4	26	−22	河　北	20	8	12
北　京	5	12	−7	山　西	21	23	−2
湖　南	6	9	−3	云　南	22	20	2
上　海	7	11	−4	天　津	23	18	5
安　徽	8	13	−5	黑龙江	24	22	2
辽　宁	9	14	−5	江　西	25	16	9
浙　江	10	4	6	宁　夏	26	29	−3
广　西	11	19	−8	甘　肃	27	27	0
河　南	12	5	7	内蒙古	28	21	7
湖　北	13	7	6	青　海	29	30	−1
福　建	14	10	4	海　南	30	28	2
山　东	15	3	12	西　藏	31	31	0
重　庆	16	17	−1				

由表 28 我们可以看出，有一大部分地区的绝对值位差都在 10 以下，这表明各地区租赁和商业服务业欺诈案件的发生情况和 GDP 较为一致，也就是

说,当一个地区 GDP 越高时,该地租赁和商业服务行业中欺诈案件发生频率就越大,反之则亦然。其中新疆维吾尔自治区的位差为−22,该省 GDP 位于全国 26 名,但租赁和商业服务业涉欺诈案件却居于第 4 名。山东省和河北省的位差均为12,这两个地区 GDP 较高,但租赁和商业服务业涉欺诈案件发生数量却较少,GDP 高低的影响因素与人口有着较大的关系,这两个地区都是人口大省,故出现这种情况也在情理之中。

2. 租赁和商业服务业涉欺诈案件与人均可支配收入排名位差。人均可支配收入在实际生活中,常用来代指人均居民可支配收入,居民可支配收入是居民可用于最终消费支出和储蓄的总和,即居民可用于自由支配的收入。为了更加直观、清楚地看出各地区企业租赁和商业服务行业欺诈案件发生数和人均可支配收入之间的变化,我们按照从大到小的顺序对两个数据进行了排名。如表 29 所示,二者的位差为此行业欺诈案件发生数量排名减去各地人均可支配收入的排名,位差为正表示该地区人均可支配收入排名靠前,但租赁和商业服务业涉欺诈案件排名却靠后;位差为负则表示人均可支配收入排名虽靠后,但租赁和商业服务业涉欺诈案件排名却较为靠前。位差绝对值越接近 0 则表示该地人民生活水平与租赁和商业服务业欺诈案件发生频率相差较小,位差绝对值越大则表示该地人民生活水平与此行业欺诈案件发生频率之间差距较大。

表 29　2017 年各地区企业租赁和商业服务业涉欺诈案件数排名与人均可支配收入排名位差

地 区	租赁和商业服务业涉欺诈案件排名	人均可支配收入排名	位差	地 区	租赁和商业服务业涉欺诈案件排名	人均可支配收入排名	位差
四 川	1	21	−20	河 南	12	24	−12
江 苏	2	5	−3	湖 北	13	12	1
广 东	3	6	−3	福 建	14	7	7
新 疆	4	25	−21	山 东	15	9	6
北 京	5	2	3	重 庆	16	11	5
湖 南	6	13	−7	贵 州	17	29	−12
上 海	7	1	6	吉 林	18	18	0
安 徽	8	16	−8	陕 西	19	20	−1
辽 宁	9	8	1	河 北	20	17	3
浙 江	10	3	7	山 西	21	23	−2
广 西	11	26	−15	云 南	22	28	−6

续表

地　区	租赁和商业服务业涉欺诈案件排名	人均可支配收入排名	位差	地　区	租赁和商业服务业涉欺诈案件排名	人均可支配收入排名	位差
天　津	23	4	19	内蒙古	28	10	18
黑龙江	24	19	5	青　海	29	27	2
江　西	25	15	10	海　南	30	14	16
宁　夏	26	22	4	西　藏	31	31	0
甘　肃	27	30	—3				

　　我们可以观察到，位差绝对值较小的地区为吉林省(0)、西藏自治区(0)、辽宁省(1)、湖北省(1)和陕西省(—1)，也就是说这些地区租赁和商业服务业涉欺诈案件排名与人均可支配收入排名之间差距较小。

　　绝对值较大的地区仍处于大多数，正如上文所说各地区租赁和商业服务业涉欺诈案件数量较少，除了前几名案件相对较多之外，其他大部分地区案件数量相差不大，那么人均可支配收入的大小就成为影响位差的重要因素，故才会出现位差绝对值较大的情况。四川省位差为—20，其租赁和商业服务业涉欺诈案件居于全国第一，但人均可支配收入排名却较为靠后，四川为人口大省，故人均可支配收入相对来说不会很高，所以会出现这种位差绝对值较大的情况。

　　3. 租赁和商业服务业涉欺诈案件与城镇人口比例排名位差。城镇化是经济发展的必然产物，当前，我国正处于城镇化发展的中后期，城镇化的改变将导致社会处于不平稳状态，社会控制力减弱，人与人之间的信任程度也势必会受到影响，进而影响到社会诚信状况。为了弄清城镇化与各地区企业租赁和商业服务业欺诈案件发生数的关系，我们对两个数据分别按照从大到小的顺序进行了排名，结果如表30所示，二者的位差为租赁和商业服务业欺诈案件数量排名减去城镇人口比例排名，位差为正表示城镇人口比例排名靠前，但租赁和商业服务业欺诈案件数量排名靠后，位差为负则表示城镇人口比例排名靠后，但租赁和商业服务业欺诈案件发生数量排名则靠前。位差绝对值越接近0表示城镇化程度与租赁和商业服务业欺诈案件发生情况相差较小，位差绝对值越大则表示城镇化程度与该行业欺诈案件发生情况相差较大。

表 30　　　　　　　2017 年各地区企业租赁和商业服务业涉欺诈
案件数排名与城镇人口比例排名位差

地 区	租赁和商业服务业涉欺诈案件排名	城镇人口比例排名	位差	地 区	租赁和商业服务业涉欺诈案件排名	城镇人口比例排名	位差
四　川	1	24	−23	贵　州	17	30	−13
江　苏	2	5	−3	吉　林	18	18	0
广　东	3	4	−1	陕　西	19	17	2
新　疆	4	26	−22	河　北	20	19	1
北　京	5	2	3	山　西	21	16	5
湖　南	6	20	−14	云　南	22	28	−6
上　海	7	1	6	天　津	23	3	20
安　徽	8	22	−14	黑龙江	24	12	12
辽　宁	9	7	2	江　西	25	21	4
浙　江	10	6	4	宁　夏	26	15	11
广　西	11	27	−16	甘　肃	27	29	−2
河　南	12	25	−13	内蒙古	28	10	18
湖　北	13	13	0	青　海	29	23	6
福　建	14	8	6	海　南	30	14	16
山　东	15	11	4	西　藏	31	31	0
重　庆	16	9	7				

从表 30 分析来看,全国 13 个地区位差绝对值都在 10 以上,其中租赁和商业服务业涉欺诈案件发生数量较多的地区位差大都为负数且出现极端的情况,如四川省(−23)、新疆维吾尔自治区(−22)、广西壮族自治区(−16),这表明这几个地区城镇化比例不高但租赁和商业服务业涉欺诈案件发生频率却较高,而且这些地区均属于城镇化进程中的地区,也就是说在城镇化进程中有欺诈行为存在的空间,尤其是不平衡不协调的城镇化发展更是如此,这种变化会带来社会的不稳定,从而影响到涉欺诈案件的发生数量。

第三章　民事涉欺诈案件的
司法保护情况

第一节　涉欺诈案件律师代理情况

通常认为,律师对司法案件的审判有着不可或缺的作用,律师具有专业的知识和素养,办案思路清晰有逻辑,有律师参与的案件获胜的概率相对来说也较大。为此,我们对律师介入涉欺诈案件的数量、比例等相关情况进行了研究分析,在此需要说明的有两点:一是这里的攻方是指原告或上诉人,守方是指被告或被上诉人。二是涉欺诈案件委托律师案件数量为攻方涉欺诈案件委托律师数加上守方涉欺诈案件委托律师数,会存在案件重复计算的情况,所以涉欺诈案件委托律师案件占比会超过100%。

一、攻方委托律师情况

总体来看,全国涉欺诈案件攻方委托律师的数量共有 6 204 件,占比64.36%,超过半数。可见人们在发生纠纷时比较倾向聘请律师来进行诉讼。如图 21 所示,从各地区攻方委托律师案件数来看,广东省居于第一位,为 668件,四川省、江苏省、山东省紧随其后,分别为 571 件、493 件、430 件,而海南省、宁夏回族自治区、青海省及西藏自治区攻方委托律师案件数量最少,分别为 32 件、28 件、18 件、7 件。由此可见,攻方聘请律师涉欺诈案件数量较多的地区为人口较多、涉欺诈案件总数较多的地区,而聘请律师案件数量较小的地区为人口稀少,涉欺诈案件总数较少的地区。

为了进一步说明各地区攻方委托律师的情况,我们用攻方委托律师案件数除以涉欺诈案件数量,进而得出攻方委托律师比例。如图 22 所示,除北京市以外,全国其他地区涉欺诈案件攻方委托律师占比均在 50%以上,总体来

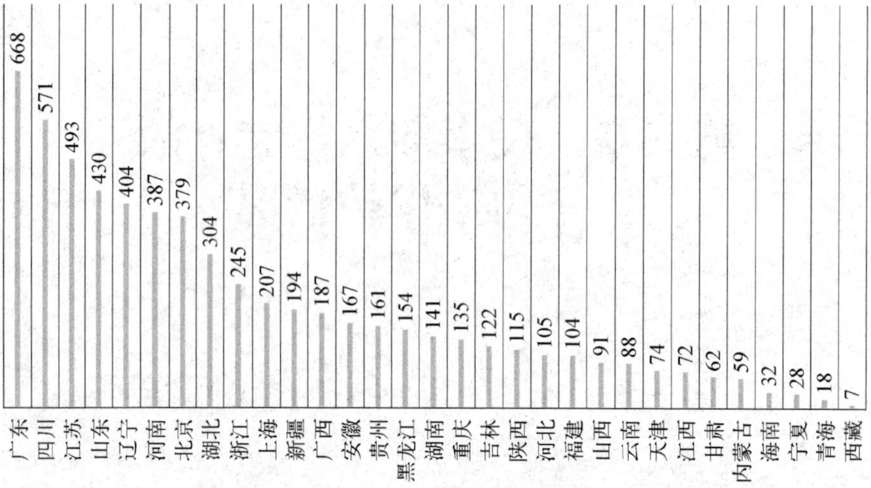

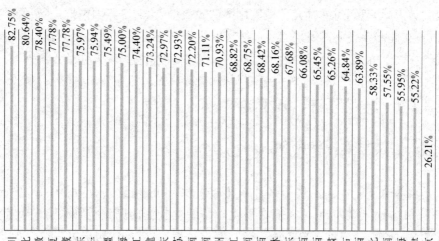

图21 2017年涉欺诈案件攻方委托律师案件数(件)

图22 2017年涉欺诈案件攻方委托律师案件占比

看,在发生纠纷时攻方还是比较倾向委托律师的。北京市攻方委托律师案件占比只有26.21%,通过阅读相关判决书,可以发现北京市劳动合同案数量多且攻方当事人多为劳动者,此类案件多未委托律师。我们也发现,经济较为发达的四个直辖市,除重庆市(72.97%)以外,北京(26.21%)、天津(55.22%)、上海(55.95%)攻方委托律师的比例均不高。

为了更直观、清楚地比较攻方委托律师案件与攻方委托律师比例的关系,我们将这两个变量分别进行了排名,名次位差为攻方委托律师案件排名减去攻方委托律师比例排名。名次位差为正表示攻方委托律师比例排名的上升,反之则下降,绝对值越大则表示涉欺诈案件数量对攻方委托律师比例影响越大。由表31可知,总体上全国各地区位差没有很一致的规律,但我们可以看出位差变化相对来说较大,这说明各地区涉欺诈总体案件数量对攻方委托律师比例影响较大。

表31　　　2017 年涉欺诈案件攻方委托律师案件排名和比例排名位差

地　区	攻方委托律师案件排名	攻方委托律师比例排名	位差	地　区	攻方委托律师案件排名	攻方委托律师比例排名	位差
广　东	1	21	−20	重　庆	17	12	5
四　川	2	1	1	吉　林	18	20	−2
江　苏	3	13	−10	陕　西	19	26	−7
山　东	4	6	−2	河　北	20	27	−7
辽　宁	5	7	−2	福　建	21	11	10
河　南	6	14	−8	山　西	22	19	3
北　京	7	31	−24	云　南	23	18	5
湖　北	8	2	6	天　津	24	30	−6
浙　江	9	17	−8	江　西	25	23	2
上　海	10	29	−19	甘　肃	26	24	2
新　疆	11	8	3	内蒙古	27	25	2
广　西	12	22	−10	海　南	28	15	13
安　徽	13	3	10	宁　夏	29	4	25
贵　州	14	16	−2	青　海	30	9	21
黑龙江	15	10	5	西　藏	31	5	26
湖　南	16	28	−12				

西藏(26)、宁夏(25)、北京(−24)、青海(21)、这四个地区排名起伏波动最大,其中西藏、宁夏、青海三个地区涉欺诈案件数量本身就比较少,比如西藏在2017年这一年中只发生了9起涉欺诈案件,故这些数据没有很大的参考价值。

二、守方委托律师情况

在分析了攻方委托律师情况之后,我们来看一下守方当事人也就是被告或原审被告委托律师的情况。从全国范围内来看,守方委托律师6 706件,占所有涉欺诈案件的一半还多,为69.57%,而且比攻方当事人委托律师占比还高。为什么会出现这种情况呢? 我们认为主要有以下几个原因,首先与人的心理有关,当案件发生时,特别是当被他人起诉到法院时,为了更好地应诉,增强胜算率,大多数人会聘请专门的律师。其次,一般情况下在案件中作为被告当事人,或多或少都存在理亏或心虚的情况,故为了更好地维护自身利益聘请律师显得更加普遍。

接下来我们来具体分析各地守方委托律师的情况。如图23所示,守方委托律师案件数排在前三名的分别是北京市(1 157件)、广东省(649件)、江苏省(512件),而排在后几名的则是宁夏回族自治区、青海省和西藏自治区。对比图21和图23,我们可以发现这样的规律:各地区攻方委托律师的案件数量排名情况大致与守方委托律师案件排名一致。这表明在攻方委托律师参与案件时,守方也更容易委托律师,这可能与人们这样的心理有关:当对方有更专业的律师时,为了更好地维护自身权益,达到一种平衡状态,自身也更倾向委托律师。

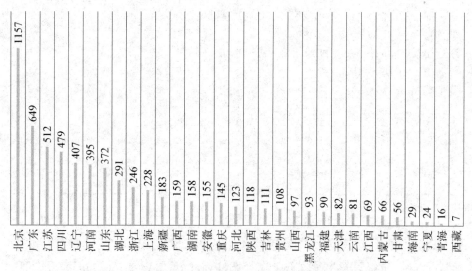

图23 2017年涉欺诈案件守方委托律师案件数(件)

值得注意的是北京市,其涉欺诈案件守方委托律师案件数量远远超过其他地区,为1 157件,我们对这一情况进行了分析发现,北京市之所以守方委托律师案件数这么高,是因为这些案件中有一大半为劳动人事纠纷,守方当事人多为企业。对于诉讼案件，企业一般都有自己的法律顾问或律师团队，这就使得北京市守方委托律师案件数量居于全国第一。如图24所示，观察各地区守方委托律师比例这个数据后，我们可知全国各地区守方委托律师比例基本都处于50%以上，只有黑龙江省和贵州省低于50%，但仍高于40%。

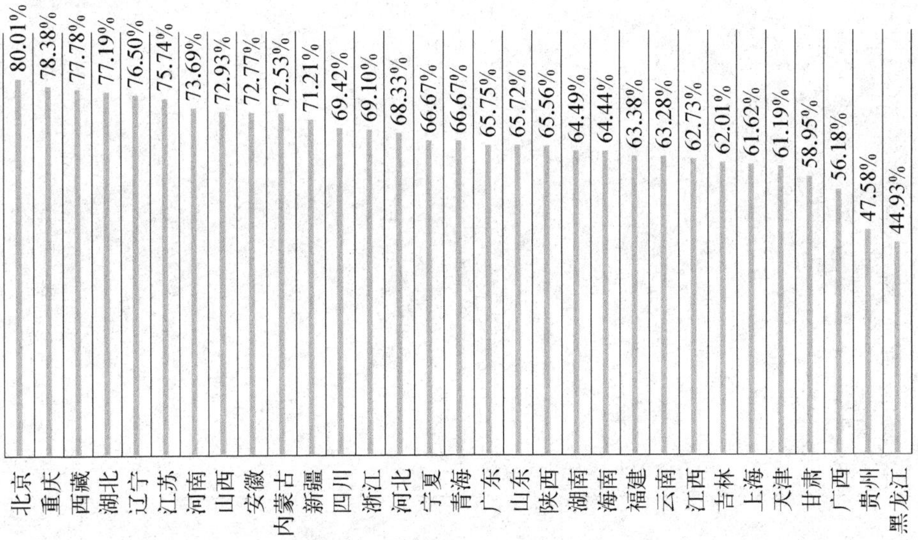

图24　2017年涉欺诈案件守方委托律师案件占比

为了更直观、清楚地比较守方委托律师案件与比例的关系，我们将这两个变量分别进行了排名，名次位差为守方委托律师案件排名减去守方委托律师比例排名，名次位差为正表示守方委托律师比例排名的上升，反之则下降，绝对值越大则表示涉欺诈案件数量对守方委托律师比例影响越大。

由表32可知，西藏（28）、广西（-17）、上海（-16）、广东（-15）这四个地区排名起伏波动最大，其中西藏自治区涉欺诈案件数量本身就比较少，基数比较小，但其守方委托律师的比例却很高，达到了77.78%，其他三个地区守方委托律师案件数量排名也较为靠前，但占比却较为靠后。我们认为有以下两个原因：一是这些地区涉欺诈案件总数较高，二是由于各地区之间守方委托律师案件占比相差较小，故微小变化就可能使得守方委托律师占比排名发生较大变化。

表32　　　　　2017年涉欺诈案件守方委托律师案件排名和比例排名位差

地 区	守方委托律师案件排名	守方委托律师比例排名	位差	地 区	守方委托律师案件排名	守方委托律师比例排名	位差
北 京	1	1	0	陕 西	17	19	−2
广 东	2	17	−15	吉 林	18	25	−7
江 苏	3	6	−3	贵 州	19	30	−11
四 川	4	12	−8	山 西	20	8	12
辽 宁	5	5	0	黑龙江	21	31	−10
河 南	6	7	−1	福 建	22	22	0
山 东	7	18	−11	天 津	23	27	−4
湖 北	8	4	4	云 南	24	23	1
浙 江	9	13	−4	江 西	25	24	1
上 海	10	26	−16	内蒙古	26	10	16
新 疆	11	11	0	甘 肃	27	28	−1
广 西	12	29	−17	海 南	28	21	7
湖 南	13	20	−7	宁 夏	29	15	14
安 徽	14	9	5	青 海	30	16	14
重 庆	15	2	13	西 藏	31	3	28
河 北	16	14	2				

第二节　涉欺诈案件的审理及其质量分析

第二审程序是指由于民事诉讼的当事人不服第一审法院未生效的第一审裁判而在法定期间内向上一级人民法院提起上诉而引起的诉讼程序,是第二审级的人民法院审理上诉案件所适用的程序。

第二审程序作为上诉审程序,具有独特的功能和意义:首先,第二审程序通过对案件再进行一次审查,从而增加一道防错屏障。一审判决、裁定在认定事实或者适用法律上存在错误或者不当的可能性,第二审程序具有救济一审错误的判决或裁定的功能。其次,第二审程序具有满足当事人追求公正心理的功能。一审法院的审理程序、作出的判决或裁定可能使受到不利裁判的当事人产生不公正的心理,而通过二审获得一次救济的机会,有利于满足当事人对于公正审判的需求。再次,有利于维护法制的统一。通过第二审程序,可以发现并纠正第一审程序发生的裁判错误,包括影响程序公正的程序性错误,或者维护正确合法的第一审判决和裁定。无论是纠正错误的一审判决、裁定,还是维护正确合法的一审判决、裁定,都具有维护法制统一的功能和意义。最后,有利于实现上级法院对下级法院的监督和指导,提高法院的整体审判的水平。在这四个功能中,二审程序的基本功能并非在于通过为当事人提供相适应的程序保障来提升裁判的正当性和认同度,而是将"纠错"作为其核心功能,第二审程序通过对第一审程序全面的检验、监督,有利于促使第一审法院严格依法审判,提高审判水平。①

为了研究全国各地区法院对涉欺诈二审案件的审理情况,在下文中我们对涉欺诈案件相关数据进行了统计分析。

一、二审开庭情况

我国民事诉讼程序的基本要求是二审案件以开庭审理为原则,以径行裁判为例外。开庭审理作为民事案件的一种审理方式,是当事人行使诉讼权进行诉讼活动和人民法院行使审判权进行审判活动最集中、最生动的体现,对人民法院正确审理民事案件具有重要的意义。

我们先统计出了全国各地区涉欺诈案件二审案件数量,结果如图 25 所示。可以看出,二审开庭案件数最多的三个地区分别是北京市(1 423 件)、广东省(944 件)、四川省(672 件);而二审开庭案件数最少的几个地区分别为:西藏自治区(7 件)、青海省(19 件)、宁夏回族自治区(31 件)、海南省(44 件)。经过简单观察我们可以看出,当涉欺诈案件总数较多时,涉欺诈案件二审开庭数量也相对较多。

那么我国涉欺诈类案件在二审中开庭的情况具体怎样呢? 结果如图 26 所示。可以看出,二审开庭案件数最多的三个地区分别是,北京市(1 385 件)、广东省(928 件)、四川省(663 件);其中二审开庭案件数最少的几个地区分别为:西藏自治区(7 件)、青海省(19 件)、宁夏回族自治区(22 件)。可以看出,全国各地区涉欺诈案件二审开庭数量和涉欺诈案件二审数量较为一致,当一个地区涉欺诈案件二审数量较多时,该地区涉欺诈案件二审开庭数量就相对较多。

---

① 潘剑锋.中国民事审判程序体系之科学化革新——对我国民事程序及其相互关系的反思[J].政法论坛,2012 年第 5 期。

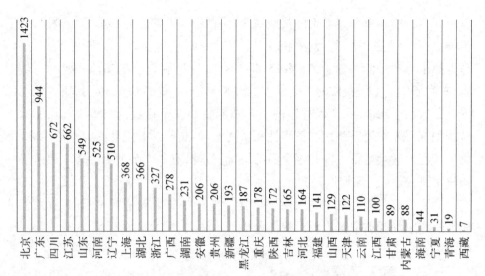

图 25　2017 年涉欺诈案件二审案件数

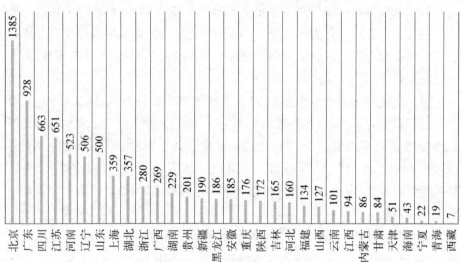

图 26　2017 年涉欺诈案件二审开庭案件数

综上，一个地区的二审开庭情况可以比较直观地反映该省司法程序对当事人实体权利的保护力度，在上面通过二审开庭案件分析并无明显规律的情况下，我们再用统计出的各省二审开庭案件数除以二审案件数得出各省的二审开庭率，结果如图 27 所示。可以看出，总体上全国各地区涉欺诈案件二审开庭比例都在 70% 以上，这说明全国各地区涉欺诈案件在二审期间都是开庭审理,这在一定程度上反映了我国二审审判的质量和对当事人权益的保护力度。其中我们可以看出,陕西省、吉林省、青海省、西藏自治区这四个地区的二审开庭比例均达到了 100％,值得一提的是陕西省涉欺诈案件二审开庭案件数有 172 件,每件案件都进行了开庭审理。天津市涉欺诈案件二审开庭比例为全国最低 41.80％,为了进一步弄清原因,我们通过人工阅读判决书的方式对天津市涉欺诈案件二审情况进行了研究,发现其二审不开庭的涉欺诈案件主要为买卖合同纠纷,案情比较简单,为了节约司法资源,法院对其进行了不开庭审理。

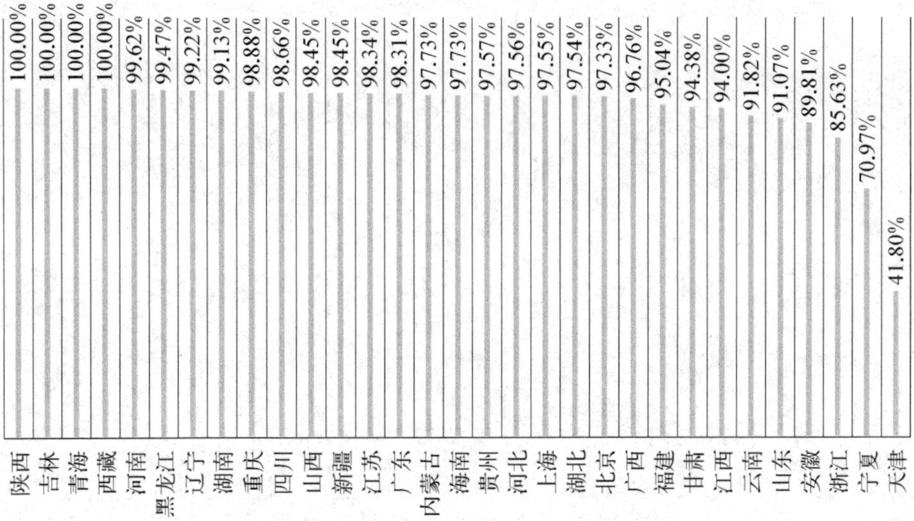

图 27　2017 年涉欺诈案件二审开庭比例

二、二审改判情况

民事二审是指民事诉讼当事人不服各级人民法院未生效的一审判决、裁定,在法定期限内提起上诉,请求上一级人民法院进行审判,上级法院对当事人的上诉案件进行审理所适用的程序。

从我国《民事诉讼法》第一百七十条可以看出,二审法院依法改判包括两种情况:一是原判决法院的判决,认定事实清楚,但适用法律错误,二审人民法院依据一审法院认定的事实,重新适用法律,作出判决改变原审判决;二是原审判决认定事实错误,或者原审判决认定事实不清,证据不足,二审法院查清事实后作出判决,改变原审判决。[①]

依据各省的二审案件数和审理结果,我们统计出了各省的二审案件改判数,如图28所示。由图可知,总体上全国大部分地区二审改判案件数量均在100件以下,这也表明我国基层法院在审理案件时较为规范与认真。具体来看,二审案件改判数排名前三位的分别为:广东省(238件),山东省(235件),北京市(106件),而排名最后几位的分别是西藏自治区(0件),宁夏回族自治区(6件),青海省(7件)。对比上文我们认为该排名结果与涉欺诈案件二审数比较相近,相对于西部,东部地区的二审改判案件在绝对数量上面还是较多,可见这一结果还是主要受涉欺诈类案件二审数量的影响。

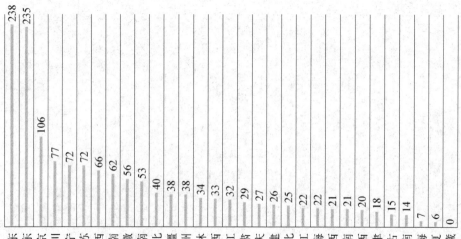

图28 2017年涉欺诈案件二审改判案件数

在上文二审改判案件数的基础上,我们通过计算得出各省案件的二审改判率,以期对比各省的审判质量和二审程序对当事人实体权利的保护

---

① 《中华人民共和国民事诉讼法》第一百七十条:"第二审人民法院对上诉案件,经过审理,按照下列情形,分别处理:(一)原判决、裁定认定事实清楚,适用法律正确的,以判决、裁定方式驳回上诉,维持原判决、裁定;(二)原判决、裁定认定事实错误或者适用法律错误的,以判决、裁定方式依法改判、撤销或者变更;(三)原判决认定基本事实不清的,裁定撤销原判决,发回原审人民法院重审,或者查清事实后改判;(四)原判决遗漏当事人或者违法缺席判决等严重违反法定程序的,裁定撤销原判决,发回原审人民法院重审。原审人民法院对发回重审的案件作出判决后,当事人提起上诉的,第二审人民法院不得再次发回重审。"

程度。根据图 29 所示，我国二审改判率最高的五个省分别是：山东省（42.81％）、青海省（36.84％）、甘肃省（32.58％）、海南省（31.82％）、安徽省（27.18％），观察这些省份不难发现他们集中分布在中西部，相对为不发达的省份。其中二审改判率最低的五个地区分别是：西藏自治区（0％）、上海市（5.98％）、北京市（7.49％）、浙江省（9.79％）、江苏省（10.88％）。西藏自治区之所以出现此极端情况的原因是该省的二审改判案件数为（0 件），同时该省的涉欺诈案件数较少仅有 7 件。我们发现涉欺诈案件二审改判率较低的地区多为经济发达、法制环境较好的地区，如北京市、上海市等。

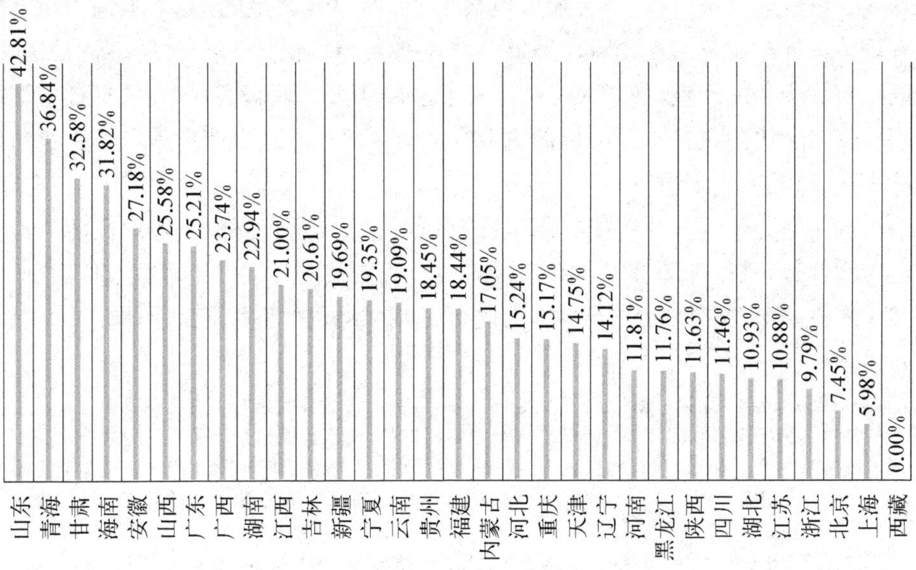

图 29　2017 年涉欺诈案件二审改判率

三、再审情况

民事审判监督程序即民事再审程序，是指对已经发生法律效力的判决、裁定、调解书，人民法院认为确有错误，对案件再行审理的程序。审判监督程序只是纠正生效裁判错误的法定程序，它不是案件审理的必经程序，也不是诉讼的独立审级。

根据我国《民事诉讼法》的规定,再审可分为法院决定再审和当事人申请再审。[①] 当事人提出再审申请,必须符合下列条件:第一,有权申请再审的主体,只能是案件当事人。案件的当事人包括原告、被告或者上诉人、被上诉人,有独立请求权第三人及判决其承担实体义务的无独立请求权第三人,当事人的法定代表人依法亦有权代当事人申请再审。第二,当事人申请再审的对象,只能是人民法院已经发生法律效力的判决、裁定和调解协议。对于没有生效的裁判,可以提起上诉,但不得申请再审。第三,申请再审应当具备法定的事由。根据《民事诉讼法》第二百条规定,当事人的申请符合下列情形之一的,人民法院应当再审:一是有新的证据足以推翻原判决、裁定的;二是原判决、裁定认定事实的主要证据不足的;三是原判决、裁定适用法律确有错误的;四是人民法院违反法定程序,可能影响案件正确判决、裁定的;五是审判人员在审理该案件时有贪污受贿、徇私舞弊、枉法裁判行为的。[②] 根据《民事诉讼法》第一百八十条的规定,当事人对已经发生法律效力的调解书,提出证据证明调解违反自愿原则或者调解协议的内容违反法律的,可以申请再审。经人民法院审查属实的,应当再审。

为了研究全国各地区涉欺诈案件再审的情况,我们提取了各地区涉欺诈再审案件数,结果如图 30 所示。总体来看,我国涉欺诈案件再审数较低,全国共 168 件,再审案件占比 1.74%,由此可见,我国司法审判质量总体较高。其

[①]《中华人民共和国民事诉讼法》第一百九十八条:各级人民法院院长对本院已经发生法律效力的判决、裁定、调解书,发现确有错误,认为需要再审的,应当提交审判委员会讨论决定。最高人民法院对地方各级人民法院已经发生法律效力的判决、裁定、调解书,上级人民法院对下级人民法院已经发生法律效力的判决、裁定、调解书,发现确有错误的,有权提审或者指令下级人民法院再审。

第一百九十九条:当事人申请再审当事人对已经发生法律效力的判决、裁定,认为有错误的,可以向上一级人民法院申请再审;当事人一方人数众多或者当事人双方为公民的案件,也可以向原审人民法院申请再审。当事人申请再审的,不停止判决、裁定的执行。

[②]《中华人民共和国民事诉讼法》第二百条:当事人的申请符合下列情形之一的,人民法院应当再审:(一) 有新的证据,足以推翻原判决、裁定的;(二) 原判决、裁定认定的基本事实缺乏证据证明的;(三) 原判决、裁定认定事实的主要证据是伪造的;(四) 原判决、裁定认定事实的主要证据未经质证的;(五) 对审理案件需要的主要证据,当事人因客观原因不能自行收集,书面申请人民法院调查收集,人民法院未调查收集的;(六) 原判决、裁定适用法律确有错误的;(七) 审判组织的组成不合法或者依法应当回避的审判人员没有回避的;(八) 无诉讼行为能力人未经法定代理人代为诉讼或者应当参加诉讼的当事人,因不能归责于本人或者其诉讼代理人的事由,未参加诉讼的;(九) 违反法律规定,剥夺当事人辩论权利的;(十) 未经传票传唤,缺席判决的;(十一) 原判决、裁定遗漏或者超出诉讼请求的;(十二) 据以作出原判决、裁定的法律文书被撤销或者变更的;(十三) 审判人员审理该案件时有贪污受贿,徇私舞弊,枉法裁判行为的。

中,广东省涉欺诈再审案件数量居于全国第一位,为30件,我们人工阅读了广东省相关的再审判决书发现,在这些再审案件中,超过一半的案件为房屋买卖合同纠纷,这些纠纷多为案情比较复杂,争议较大的案件。其他地区涉欺诈再审案件数量均较低,上海市、重庆市、福建省、天津市和海南省的再审案件均为0,这一方面可以表明这些地区司法审判质量相对较好,另一方面也与这些地区涉欺诈案件数量较少有关。

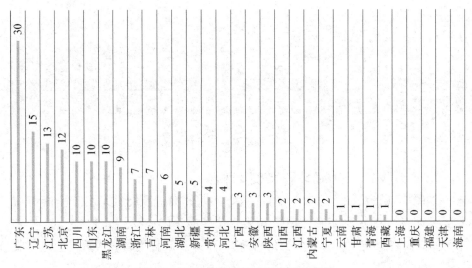

图30　2017年涉欺诈案件再审案件数

为了更加全面地分析各地区涉欺诈再审案件情况,我们统计出了再审案件比例,如图31所示。全国各地区再审案件比例均较低,除西藏自治区和宁夏回族自治区外,再审案件比例都在5%以下,这进一步印证了总体上我国司法审判质量较好这一情况。西藏自治区和宁夏回族自治区涉欺诈再审案件占比较高的原因是这两个地区涉欺诈案件基数较小,故再审案件比例就显得较高了。

四、获赔案件情况

案件获赔情况可以直接反映司法机关对纠纷当事人的保护力度和司法审判质量,也可以间接影响人们在解决纠纷时的选择方式。为此,我们对各地区涉欺诈案件的获赔情况以及相关因素进行了统计。

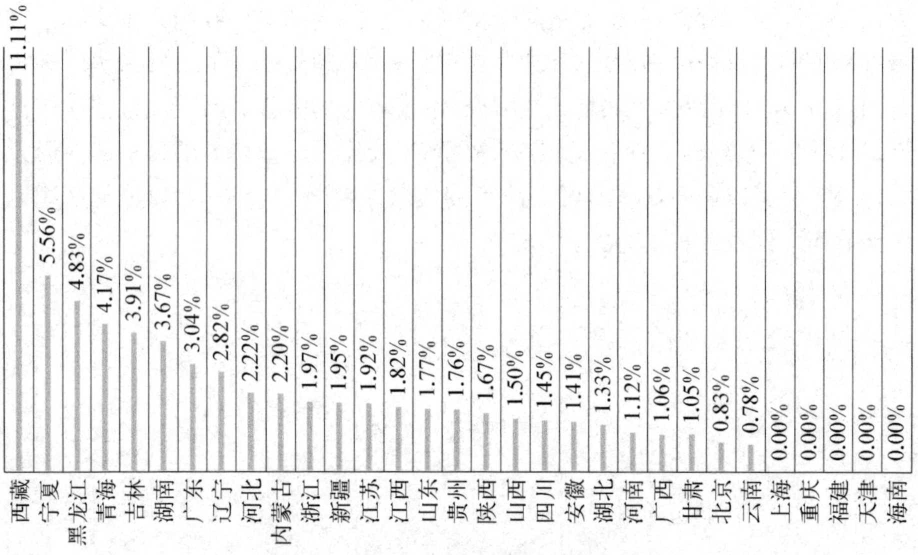

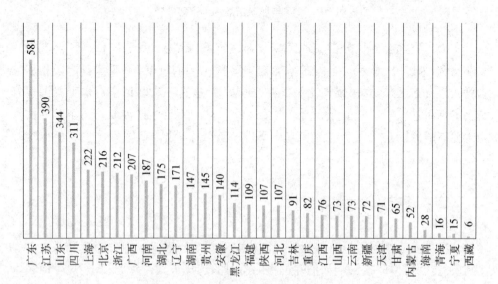

图 31　2017 年涉欺诈案件再审比例

(一) 涉欺诈案件获赔数量、比例及排名

如图 32 所示,在绝对数量上,广东省涉欺诈案件获赔数量居于全国第一位,为 581 件,江苏省、山东省和四川省也位居前几位,分别为 390 件、344 件和 311 件。而涉欺诈案件总数较少的青海省、宁夏回族自治区和西藏自治区涉欺

图 32　2017 年各地区涉欺诈案件获赔数量

诈案件获赔数量也相对较少，分别为 16 件、15 件和 6 件。当然仅从绝对数量上我们并不能得出明确的结论，故我们以获赔案件数量占涉欺诈案件的比率来进一步衡量各地区获赔涉欺诈案件的情况。

如图 33 所示，在对获赔涉欺诈案件比率进行排名后，全国各地区的情况发生了较大的变化。总体来看，大部分地区涉欺诈案件获赔率都在 50％以上，这表明我国司法机关对当事人的保护力度和司法审判质量总体较好。具体来看，获赔率在前五位的地区为：福建省（76.76％）、广西壮族自治区（73.14％）、江西省（69.09％）、甘肃省（68.42％）、青海省（66.67％）；获赔率在后几位的地区为辽宁省（32.14％）、新疆维吾尔自治区（28.02％）和北京市（14.94％）。

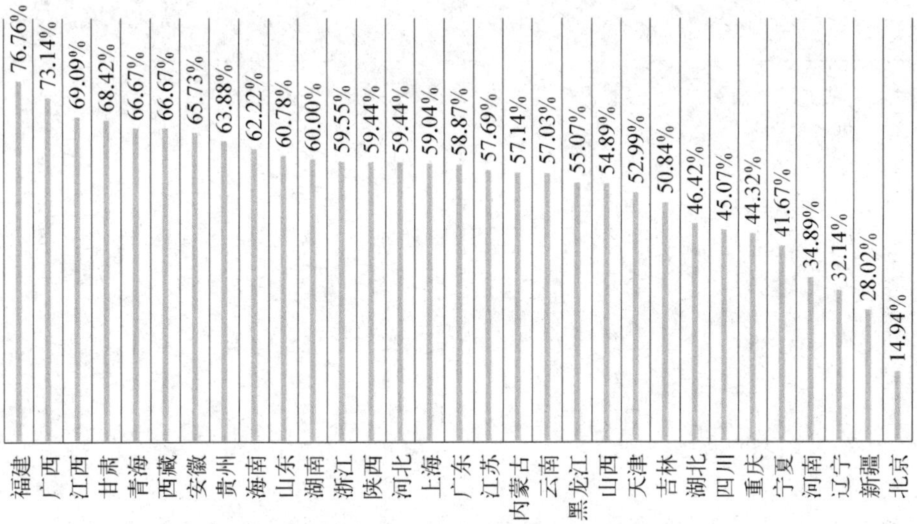

图 33　2017 年各地区获赔涉欺诈案件比率

从图 33 可以看出，上海市、天津市、重庆市和北京市这四个直辖市案件获赔率均处于全国中下水平，特别是北京市涉欺诈案件获赔率位于全国最后一名，仅为 14.94％。其中的原因我们在上文也阐述过：一是北京市涉欺诈案件总数较多，为 1 446 件，案件基数较大；二是北京市未获得赔偿的涉欺诈案件中，劳动人事领域因北京城建四建设工程有限责任公司劳动争议案件数量最多，且法院未支持当事人诉求从而使得未获得赔偿的案件数量较多。

为了更加清楚地观察到涉欺诈案件获赔案件数量和获赔率之间的关系，我们对这两项数据进行了排名，名次位差为涉欺诈案件获赔数量排名减去获赔涉欺诈案件获赔率的排名。位差为正表示涉欺诈案件获赔率排名相较涉欺诈案件获赔案件排名的上升,反之则下降,绝对值越大则表示涉欺诈案件数量对涉欺诈案件获赔率影响越大。

如表33所示,涉欺诈案件获赔率排名下降较大的为北京市(−25)、四川省(−21)、河南省(−19),上升较大的为西藏自治区(25)、青海省(24)、甘肃省(22),在绝对值的比较中,也是上述这几个地区绝对值较大,说明这几个省份涉欺诈案件获赔数量和获赔率排名波动较大,这与涉欺诈案件总数有着密不可分的联系。

表33　　　　　　　　　涉欺诈案件获赔数量和比例排名位差

地　区	涉欺诈案件获赔数量排名	涉欺诈案件获赔率排名	位差	地　区	涉欺诈案件获赔数量排名	涉欺诈案件获赔率排名	位差
广　东	1	16	−15	陕　西	17	13	4
江　苏	2	17	−15	河　北	17	13	4
山　东	3	10	−7	吉　林	19	23	−4
四　川	4	25	−21	重　庆	20	26	−6
上　海	5	15	−10	江　西	21	3	18
北　京	6	31	−25	山　西	22	21	1
浙　江	7	12	−5	云　南	22	19	3
广　西	8	2	6	新　疆	24	30	−6
河　南	9	28	−19	天　津	25	22	3
湖　北	10	24	−14	甘　肃	26	4	22
辽　宁	11	29	−18	内蒙古	27	18	9
湖　南	12	11	1	海　南	28	9	19
贵　州	13	8	5	青　海	29	5	24
安　徽	14	7	7	宁　夏	30	27	3
黑龙江	15	20	−5	西　藏	31	6	25
福　建	16	1	15				

为了进一步分析各地区其他社会因素对该地域涉欺诈案件获赔率的影响,我们从该地的GDP、人均可支配收入、城镇人口比例和律师参与比例进行对比分析。

(二) 涉欺诈案件获赔比率和GDP排名
为了清楚地分析获赔涉欺诈案件比率与GDP之间的变化情况,我们对两个数据分别按照从大到小的顺序进行了排名,结果如表34所示。两者的位差为各地涉欺诈案件获赔比率排名减去各地 GDP 的排名,位差为正表示各地涉欺诈案件获赔比率排名靠后,但 GDP 排名靠前,即在经济较为发达地区涉欺诈案件获赔率就越低;位差为负则表示各地涉欺诈案件获赔比率排名靠前,但 GDP 排名则靠后,即在经济相对不发达的地区案件获赔比率就越高。

表 34　　　　　　　　　涉欺诈案件获赔比率和 GDP 排名位差

地 区	涉欺诈案件获赔比率	GDP排名	位差	地 区	涉欺诈案件获赔比率	GDP排名	位差
福 建	1	10	−9	江 苏	17	2	15
广 西	2	19	−17	内蒙古	18	21	−3
江 西	3	16	−13	云 南	19	20	−1
甘 肃	4	27	−23	黑龙江	20	22	−2
青 海	5	30	−25	山 西	21	23	−2
西 藏	6	31	−25	天 津	22	18	4
安 徽	7	13	−6	吉 林	23	24	−1
贵 州	8	25	−17	湖 北	24	7	17
海 南	9	28	−19	四 川	25	6	19
山 东	10	3	7	重 庆	26	17	9
湖 南	11	9	2	宁 夏	27	29	−2
浙 江	12	4	8	河 南	28	5	23
陕 西	13	8	5	辽 宁	29	14	15
河 北	13	15	−2	新 疆	30	26	4
上 海	15	11	4	北 京	31	12	19
广 东	16	1	15				

位差绝对值越接近0表示地区 GDP 排名与获赔案件率排名相差较小,位差绝对值越大则表示地区 GDP 排名与获赔案件率排名相差较大。从表34可以看出,总体上涉欺诈案件获赔比率居于前几位的,其地区 GDP 排名均较为靠后,且二者位差均为负数,这些地区涉欺诈案件获赔比率排名靠前,但 GDP 排名则靠后,也就是说在经济相对不发达的地区案件获赔比率越高,这可能与这些地区涉欺诈案件数量较少有关。而地区 GDP 排名较为靠前的地区,涉欺诈案件获赔比率却不那么高。

(三) 获赔涉欺诈案件比率和人均可支配收入排名

为了分析获赔涉欺诈案件比率与人均可支配收入之间的变化情况,我们对两个数据分别按照从大到小的顺序进行了排名,结果如表 35 所示,二者的位差为各地获赔涉欺诈案件比率排名减去各地人均可支配收入的排名,位差为正表示各地获赔涉欺诈案件比率排名靠后,但人均可支配收入排名靠前,即在人均生活水平较高的地区涉欺诈案件获赔率就越低;位差为负则表示各地获赔涉欺诈案件比率排名靠前,但人均可支配收入排名则靠后,即在人均生活水平相对较低的地区案件获赔比率就越高。

表 35　　　　　　　获赔涉欺诈案件比率和人均可支配收入排名位差

地　区	获赔涉欺诈案件比率排名	人均可支配收入排名	位差	地　区	获赔涉欺诈案件比率排名	人均可支配收入排名	位差
福　建	1	7	-6	江　苏	17	5	12
广　西	2	26	-24	内蒙古	18	10	8
江　西	3	15	-12	云　南	19	28	-9
甘　肃	4	30	-26	黑龙江	20	19	1
青　海	5	27	-22	山　西	21	23	-2
西　藏	6	31	-25	天　津	22	4	18
安　徽	7	16	-9	吉　林	23	18	5
贵　州	8	29	-21	湖　北	24	12	12
海　南	9	14	-5	四　川	25	21	4
山　东	10	9	1	重　庆	26	11	15
湖　南	11	13	-2	宁　夏	27	22	5
浙　江	12	3	9	河　南	28	24	4
陕　西	13	17	-4	辽　宁	29	8	21
河　北	13	20	-7	新　疆	30	25	5
上　海	15	1	14	北　京	31	2	29
广　东	16	6	10				

位差绝对值越接近 0 表示该地区人均可支配收入与获赔案件率相差较小,位差绝对值越大则表示该地区人均可支配收入与获赔案件率相差较大。从表 35 我们可以看出,总体上获赔涉欺诈案件比率居于前几位的地区其人均可支配收入排名均较为靠后,且两者位差均为负数,如甘肃省(-26)、广西壮族自治区(-24)。这些地区获赔涉欺诈案件比率排名靠前,但人均可支配收入排名则靠后,也就是说在人均生活水平较低的地区案件获赔比率越高,这可能与这些地区

涉欺诈案件数量较少有关。而人均可支配收入排名较为靠前的地区,获赔涉欺诈案件比率却不那么高,除了这些地区涉欺诈案件总数较多外,也会有其他各种因素的影响。总体来看,位差为负的地区获赔涉欺诈案件比率大都居于中上水平,位差为正的地区获赔涉欺诈案件比率大都居于中下水平,这在一定程度上可以说明人们生活水平较高的地区涉欺诈案件获赔率越低,反之则越高。

(四) 获赔涉欺诈案件比率和城镇人口比例排名

为了清楚地分析获赔涉欺诈案件比率与城镇人口比例之间的变化情况,我们对两个数据分别按照从大到小的顺序进行了排名,结果如表 36 所示。两者的位差为各地获赔涉欺诈案件比率排名减去各地城镇人口比例的排名,位差为正表示各地获赔涉欺诈案件比率排名靠后,但城镇人口比例排名靠前,即在城镇化水平较高的地区涉欺诈案件获赔率就越低;位差为负则表示各地获赔涉欺诈案件比率排名靠前,但城镇人口比例排名则靠后,即在城镇化水平相对较低的地区案件获赔比率就越高。

表 36　　　　　　获赔涉欺诈案件比率和城镇人口比例排名位差

地　区	获赔涉欺诈案件比率排名	城镇人口比例排名	位差	地　区	获赔涉欺诈案件比率排名	城镇人口比例排名	位差
福　建	1	8	−7	江　苏	17	5	12
广　西	2	27	−25	内蒙古	18	10	8
江　西	3	21	−18	云　南	19	28	−9
甘　肃	4	29	−25	黑龙江	20	12	8
青　海	5	23	−18	山　西	21	16	5
西　藏	6	31	−25	天　津	22	3	19
安　徽	7	22	−15	吉　林	23	18	5
贵　州	8	30	−22	湖　北	24	13	11
海　南	9	14	−5	四　川	25	24	1
山　东	10	11	−1	重　庆	26	9	17
湖　南	11	20	−9	宁　夏	27	15	12
浙　江	12	6	6	河　南	28	25	3
陕　西	13	19	−6	辽　宁	29	7	22
河　北	13	17	−4	新　疆	30	26	4
上　海	15	1	14	北　京	31	2	29
广　东	16	4	12				

位差绝对值越接近 0 表示该地区城镇化人口比例与获赔案件率相差较小,位差绝对值越大则表示该地区城镇人口比例与获赔案件率相差较大。从表 36 我们可以看出,总体上获赔涉欺诈案件比率居于前几位的地区其城镇人口比例排名均较为靠后,且二者位差均为负数,如甘肃省(—25)、广西壮族自治区(—25)、西藏自治区(—25),这些地区获赔涉欺诈案件比率排名靠前,但城镇人口比例排名则靠后,也就是说在城镇化水平较低的地区案件获赔比率就越高。而城镇人口比例排名较为靠前的地区,获赔涉欺诈案件比率却不那么高,如上海市(14)、天津市(19)等,除了这些地区涉欺诈案件总数较多,使得涉欺诈案件基数较大,也会有其他各种因素的影响。总体来看,位差为负的地区获赔涉欺诈案件比率大都居于中上水平,位差为正的地区获赔涉欺诈案件比率大都居于中下水平,这在一定程度上可以说明城镇化水平较高的地区涉欺诈案件获赔率越低,反之则越高。

(五) 获赔涉欺诈案件比率和委托律师比例排名

为了清楚地分析获赔涉欺诈案件比率与涉欺诈案件委托律师比例之间的变化情况,我们对两个数据分别按照从大到小的顺序进行了排名,需要说明的是涉欺诈案件委托律师比例为涉欺诈案件委托律师数量除以涉欺诈案件数量,涉欺诈案件委托律师案件数量为攻方涉欺诈案件委托律师数加上守方涉欺诈案件委托律师数。结果如表 37 所示,二者的位差为各地获赔涉欺诈案件比率排名减去各地涉欺诈案件委托律师比例的排名,位差为正表示各地获赔涉欺诈案件比率排名靠后,但涉欺诈案件委托律师比例靠前,即当涉欺诈案件委托律师比例较高时涉欺诈案件获赔率就越低;位差为负则表示各地获赔涉欺诈案件比率排名靠前,但涉欺诈案件委托律师比例排名则靠后,即在涉欺诈案件委托律师比例较低的地区案件获赔比率就越高。

表 37　　　获赔涉欺诈案件比率和涉欺诈案件委托律师比例排名位差

地 区	获赔涉欺诈案件比率排名	涉欺诈案件委托律师比例排名	位差	地 区	获赔涉欺诈案件比率排名	涉欺诈案件委托律师比例排名	位差
福 建	1	1	0	甘 肃	4	10	—6
广 西	2	15	—13	青 海	5	13	—8
江 西	3	16	—13	西 藏	6		4

续表

地　区	获赔涉欺诈案件比率排名	涉欺诈案件委托律师比例排名	位差	地　区	获赔涉欺诈案件比率排名	涉欺诈案件委托律师比例排名	位差
安　徽	7	30	−23	黑龙江	20	8	12
贵　州	8	12	−4	山　西	21	27	−6
海　南	9	28	−19	天　津	22	4	18
山　东	10	25	−15	吉　林	23	21	2
湖　南	11	20	−9	湖　北	24	26	−2
浙　江	12	9	3	四　川	25	19	6
陕　西	13	23	−10	重　庆	26	29	−3
河　北	13	5	8	宁　夏	27	6	21
上　海	15	31	−16	河　南	28	22	6
广　东	16	7	9	辽　宁	29	3	26
江　苏	17	11	6	新　疆	30	24	6
内蒙古	18	14	4	北　京	31	18	13
云　南	19	17	2				

　　一般而言，首先，案件获赔率排名靠前而委托律师比例排名靠后即该位差为负数时说明该省案件获赔率高但律师参与率并不高，这样典型的地区有安徽省(−23)、海南省(−19)、上海市(−16)。这几个省份案件获赔率都很高其在全国的排名分别为第7名、第9名、第15名，但是其涉欺诈案件委托律师比例的全国排名都在第20名以后，可见此类省份的律师在欺诈类案件中对是否获赔的影响不大。其次，该位差绝对值越小说明该省案件获赔率在全国的排名情况与律师参与率比例在全国的排名情况较为一致，其中该位差的绝对值是"0"的省区是福建省，其案件获赔率排名与律师参与率排名在全国均排第1名，这表明对于福建省来说，律师对案件胜诉的作用较大。最后，该位差为正数时往往代表该地区的案件获赔率排名要比涉欺诈委托律师比例排名靠后，其中位差在"15"以上的地区有辽宁(26)、宁夏(21)、天津(18)。

第四章　民事涉欺诈案件
历史性比较

前三章对 2017 年民事涉欺诈案件的发生情况、案由、行业分布状况以及审判情况做了较为详细的分析,从而对 2017 年民事涉欺诈案件有了较为全面的把握。为了进一步了解全国涉欺诈案件发生的趋势,我们采用历史性比较的方法,将 2017 年民事涉欺诈案件与 2016 年民事涉欺诈案件进行对比,以便更好地揭示各地区民事涉欺诈案件的情况,从而把握各地区诚信社会状况,更好地促进各地区诚信社会的建设。为了保证数据的科学性和严谨性,我们选取了 2017 年和 2016 年采用相同标准加以统计的栏位及其数据,分别是:每百万人口涉欺诈案件发生数,自然人、非自然人涉欺诈案件数量,涉欺诈案由分布,涉欺诈案件获赔情况。

第一节　2017 年每百万人口涉欺诈案件
发生数和 2016 年每百万人口
涉欺诈案件发生数及排名

全国 2017 年涉欺诈案件为 9 639 件,2016 年涉欺诈案件为 9 496 件,相差不多。为了更加直观地对比各地区 2017 年和 2016 年涉欺诈案件的发生情况,我们将 2017 年和 2016 年每百万人口涉欺诈案件发生数进行了对比,如图 34 所示。经过计算,我国 2017 年每百万人口涉欺诈案件平均数为 7.8 件,2016 年为 7.4 件,总体上看,全国各地区每百万人口涉欺诈案件发生数趋于一致,这表明我国社会诚信状况基本稳定。值得一提的是北京市 2017 年每百万人口涉欺诈案件远远超过 2016 年案件数,为 2016 年的两倍还多。

为了更加直观地了解 2017 年和 2016 年每百万人口涉欺诈案件发生情况,我们分别将各地区 2017 年和 2016 年每百万人口涉欺诈案件发生数由大

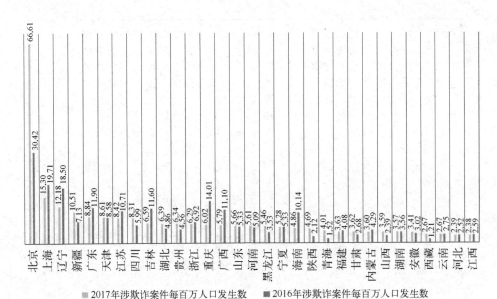

图34　2017年每百万人口涉欺诈案件发生数与2016年每百万人口涉欺诈案件发生数

到小进行了排名，并用 2017 年每百万人口涉欺诈案件发生数排名减去 2016 年每百万人口发生数排名，如表 38。当上述两个排名位差绝对值较小时，说明该地 2017 年和 2016 年欺诈案件在全国排名较为接近，也就表明该地社会诚信状况在全国各地区中呈现一种较为稳定的状态；当位差绝对值较大则表明在 2017 年和 2016 年两年中该地涉欺诈案件在全国排名差异较大，涉欺诈案件发生数出现异常，这种情况就值得我们关注。

表38　　涉欺诈案件 2017 年每百万人口发生数和 2016 年每百万人口发生数排名位差

地　区	2017 年每百万人口涉欺诈案件数排名	2016 年每百万人口涉欺诈案件数排名	位差	地　区	2017 年每百万人口涉欺诈案件数排名	2016 年每百万人口涉欺诈案件数排名	位差
北　京	1	1	0	天　津	6	10	—4
上　海	2	2	0	江　苏	7	8	—1
辽　宁	3	3	0	四　川	8	13	—5
新　疆	4	11	—7	吉　林	9	6	3
广　东	5	5	0	湖　北	10	17	—7

续表

地　区	2017 年每百万人口涉欺诈案件数排名	2016 年每百万人口涉欺诈案件数排名	位差	地　区	2017 年每百万人口涉欺诈案件数排名	2016 年每百万人口涉欺诈案件数排名	位差
贵　州	11	18	−7	福　建	22	20	2
浙　江	12	12	0	甘　肃	23	25	−2
重　庆	13	4	9	内蒙古	24	19	5
广　西	14	7	7	山　西	25	28	−3
山　东	15	15	0	湖　南	26	21	5
河　南	16	16	0	安　徽	27	23	4
黑龙江	17	22	−5	西　藏	28	31	−3
宁　夏	18	14	4	云　南	29	24	5
海　南	19	9	10	河　北	30	27	3
陕　西	20	29	−9	江　西	31	26	5
青　海	21	30	−9				

由表 38 可以看出：全国大部分地区位差绝对值都在 10 以下,这表明全国各地区社会诚信状况相对平稳。其中有 7 个地区位差为"0",也就是说这 7 个地区 2017 年每百万人口涉欺诈案件排名与 2016 年一致,这种情况一方面可以说明这些地区社会诚信状况趋于稳定的状态,另一方面也表明这些地区欺诈案件发生频率不是偶然的,这就可能需要政府等相关部门对社会诚信状况引起重视。如北京、上海、辽宁连续两年居于前 3 位,广东连续两年居于第 5 位。这些地区欺诈案件发生频率较高的原因我们在上文已经论述过,可以说每个地区都有不同的影响因素,这就需要每个地区根据自身实际情况制定相应措施对欺诈案件进行规制,从而进一步提高自身的社会诚信状况。

海南省位差绝对值为 10,其 2017 年每百万人口涉欺诈案件发生数远远低于 2016 年每百万人口涉欺诈案件发生数,这在一定程度上表明海南省 2017 年社会诚信状况较 2016 年有明显提升,海南省人民政府近几年特别是 2017 年积极探索社会信用体系建设,信用信息基础建设不断推进,信用制度建设取得新进展,联合奖惩工作迈出新步伐,信用合作取得新成果,在全国信用信息观摩评比中取得好成绩。[①] 陕西(20 和 29)和青海(21 和 30)两个地区 2017 年每百万人口涉欺诈案件排名比 2016 年明显上升,陕西省 2017 年为 4.69 件,

---

① 我省社会信用体系建设初见成效[R],《海南日报》:2018 年 10 月 9 日第 9 版。

2016 年为 2.12 件，青海省 2017 年为 4.01 件，2016 年为 1.52 件。

第二节　2017 年自然人、非自然人涉欺诈案件数量和 2016 年自然人、非自然人案件数量及排名

本节我们将 2017 年涉欺诈案件主体分布情况和 2016 年进行了对比，我们发现，2017 年自然人涉欺诈案件为 11 669 件，非自然人涉欺诈案件数为 8 901 件，2016 年自然人涉欺诈案件为 9 989 件，非自然人涉欺诈案件数为 9 399 件。由两年的数据可以看出，全国涉欺诈案件主体情况总体趋于稳定。相比之下 2017 年自然人涉欺诈案件数有所上升，非自然人涉欺诈案件有所下降，这在一定程度上说明 2017 年自然人社会诚信状况较 2016 年有所下降，非自然人社会诚信状况较 2016 年有所上升。

一、2017 年自然人涉欺诈案件数和 2016 年自然人涉欺诈案件数及排名

如图 35 所示，2017 年和 2016 年全国各地区自然人涉欺诈案件数总体上

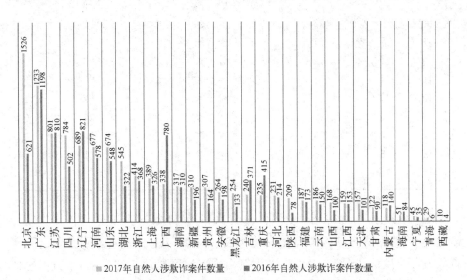

图 35　2017 年自然人涉欺诈案件数和 2016 年自然人涉欺诈案件数

较为接近,其中值得我们关注的是北京市 2016 年自然人涉欺诈案件数只有 621 件,2017 年自然人涉欺诈案件数上升明显,为 1 526 件,是 2016 年的 2 倍还多;广西壮族自治区 2017 年自然人涉欺诈案件数量较 2016 年有明显下降,这在一定程度上表明该省 2017 年自然人社会诚信状况有明显好转,这可能与政府加强诚信建设、严厉打击欺诈行为有着密不可分的关系。

为了更加直观地比较 2017 年和 2016 年自然人涉欺诈案件的发生情况,我们分别将 2017 年自然人涉欺诈案件数量和 2016 年自然人涉欺诈案件数量从大到小进行排名,并以前项减去后项得出位差,如表 39 所示。

表 39　　2017 年自然人涉欺诈案件数和 2016 年自然人涉欺诈案件数排名位差

地 区	2017 年自然人涉欺诈案件数排名	2016 年自然人涉欺诈案件数排名	位差	地 区	2017 年自然人涉欺诈案件数排名	2016 年自然人涉欺诈案件数排名	位差
北 京	1	5	−4	吉 林	17	10	7
广 东	2	1	1	重 庆	18	9	9
江 苏	3	3	0	河 北	19	15	4
四 川	4	8	−4	陕 西	20	28	−8
辽 宁	5	2	3	福 建	21	18	3
河 南	6	6	0	云 南	22	21	1
山 东	7	7	0	山 西	23	25	−2
湖 北	8	13	−5	江 西	24	20	4
浙 江	9	11	−2	天 津	25	24	1
上 海	10	12	−2	甘 肃	26	26	0
广 西	11	4	7	内蒙古	27	22	5
湖 南	12	14	−2	海 南	28	27	1
新 疆	13	17	−4	宁 夏	29	29	0
贵 州	14	19	−5	青 海	30	30	0
安 徽	15	16	−1	西 藏	31	31	0
黑龙江	16	23	−7				

由表 39 我们可以看出,全国各地区 2017 年和 2016 年自然人涉欺诈案件排名趋于稳定,所有地区位差绝对值均在 10 以下,这一方面表明我国这两年自然人社会诚信状况较为平稳,并没有出现大幅度恶化的情况,另一方面也值得我们深思:社会诚信建设的效果并没有十分明显,所以政府仍应加强社会

诚信建设，对症下药，进一步加强个人诚信体系建设。

位差绝对值为"0"的地区达到了 7 个，如江苏省、河南省、山东省、甘肃省、宁夏回族自治区等，一方面可以说明这些地区个人社会诚信状况趋于稳定，另一方面对某些地区来说，应当重视个人社会诚信建设，严厉打击欺诈行为，如江苏省连续两年自然人涉欺诈案件居于全国第三位，广东省连续两年位于全国前两位。这些地区自然人涉欺诈案件居高不下，相关政府部门应及早采取相应措施促进社会诚信建设。

位差绝对值较大的地区为重庆市（9）、陕西省（－8）、吉林省（7）、广西壮族自治区（7），其中，重庆、吉林、广西三省 2017 年自然人涉欺诈案件数量较 2016 年有明显减少，这表明该地社会诚信建设效果明显，个人社会诚信状况有明显提升，陕西省 2017 年自然人涉欺诈案件较 2016 年有所上升。

二、2017 年非自然人涉欺诈案件数和 2016 年非自然人涉欺诈案件数及排名

如图 36 所示，2017 年和 2016 年全国各地区非自然人涉欺诈案件数总体上较为接近，其中值得我们注意的是北京市 2016 年非自然人涉欺诈案件数只有 701 件，2017 年非自然人涉欺诈案件数上升明显，为 1 411 件，是 2016 年的

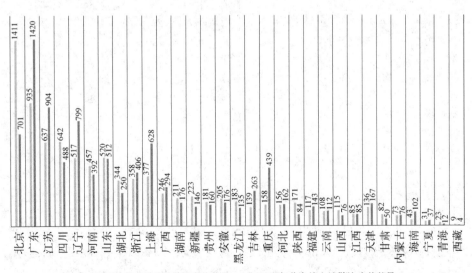

图 36　2017 年非自然人涉欺诈案件数和 2016 年非自然人涉欺诈案件数

2 倍还多;广东省、江苏省、辽宁省等五个地区 2017 年非自然人涉欺诈案件数量较 2016 年有明显下降,这在一定程度上表明这些地区 2017 年非自然人社会诚信状况有明显好转,这可能与政府加强诚信建设、严厉打击欺诈行为有着密不可分的关系。

为了更加直观地比较 2017 年和 2016 年各省非自然人涉欺诈案件的发生情况,我们分别将 2017 年非自然人涉欺诈案件数量和 2016 年非自然人涉欺诈案件数量从大到小进行排名,并以前项减去后项得出位差,如表 40 所示。

表 40　　　　　　　　2017 年非自然人涉欺诈案件数和 2016 年
非自然人涉欺诈案件数排名位差

地　区	2017 年非自然人涉欺诈案件数排名	2016 年非自然人涉欺诈案件数排名	位差	地　区	2017 年非自然人涉欺诈案件数排名	2016 年非自然人涉欺诈案件数排名	位差
北　京	1	4	−3	陕　西	17	25	−8
广　东	2	1	1	重　庆	18	8	10
四　川	3	7	−4	河　北	19	17	2
江　苏	4	2	2	吉　林	20	12	8
山　东	5	6	−1	天　津	21	16	5
辽　宁	6	3	3	福　建	22	20	2
河　南	7	10	−3	山　西	23	27	−4
上　海	8	5	3	云　南	24	22	2
浙　江	9	9	0	江　西	25	24	1
湖　北	10	13	−3	甘　肃	26	28	−2
广　西	11	11	0	内蒙古	27	26	1
新　疆	12	19	−7	海　南	28	23	5
湖　南	13	14	−1	宁　夏	29	29	0
安　徽	14	15	−1	青　海	30	30	0
黑龙江	15	21	−6	西　藏	31	31	0
贵　州	16	18	−2				

首先,由表 40 可以看出,全国各地区 2017 年和 2016 年非自然人涉欺诈案件排名趋于稳定,大部分地区位差绝对值均在 10 以下。这一方面表明我国这两年非自然人社会诚信状况较为平稳,并没有出现大幅度恶化的情况,另一方面也值得我们深思:社会诚信建设的效果并没有十分明显,所以

政府仍应加强社会诚信建设,对症下药,进一步加强企业等非自然人诚信体系的建设。

其次,位差绝对值为"0"的地区有 5 个,分别为浙江省、广西壮族自治区、宁夏回族自治区、青海省和西藏自治区,一方面可以说明这些地区非自然人社会诚信状况趋于稳定,另一方面对某些地区来说,应当重视企业等非自然人社会诚信建设,严厉打击欺诈行为,如浙江省连续两年自然人涉欺诈案件居于全国第 9 位,其非自然人涉欺诈案件居高不下。

最后,位差绝对值较大的地区为重庆市(10)、陕西省(-8)、吉林省(8),其中,重庆、吉林两地区 2017 年非自然人涉欺诈案件数量较 2016 年有明显减少,这表明该地社会诚信建设效果明显,企业等非自然人社会诚信状况有明显提升;陕西省 2017 年非自然人涉欺诈案件较 2016 年有所上升。

综上,在比较 2017 年和 2016 年各地区自然人和非自然人涉欺诈案件发生情况后,我们可以看出,无论是自然人还是非自然人涉欺诈案件,近两年全国案发率趋于稳定,这一方面表明我国社会诚信状况趋于稳定,另一方面表明近两年来我国社会诚信状况并没有明显提升,各地区诚信社会建设力度仍需加强。从上文的分析可知,重庆市、吉林省这两个地区 2017 年自然人和非自然人涉欺诈案件数相较于 2016 年有明显下降,这表明这两个地区 2017 年社会诚信状况比 2016 年有明显提升,这在一定程度上表明政府加强诚信建设,打击欺诈行为的效果显著。

第三节　2017 年涉欺诈案件案由分布和 2016 年各地区涉欺诈案由分布及排名

我们将全国各地区 2017 年涉欺诈案件案由分布状况和 2016 年涉欺诈案件案由分布状况进行了比较,以观察这两年中涉欺诈案件案由的变化情况。如表 41 所示,2017 年和 2016 年全国案件案由中,合同案由均居于第一位,占总案件数的一半还多,2017 年涉欺诈合同案由案件虽有所下降,但仍占比60.88％。这一方面表明在合同领域可能涉欺诈案件发生频率较高,另一方面则表明合同与每个主体息息相关,每个主体日常生活中不可避免地会与其他主体订立合同,从而导致该领域案件基数大。2017 年和 2016 年这两年涉欺诈劳动人事案由案件仍居于第二位,相较于 2016 年,

2017 年劳动人事纠纷占比上升了 10％左右,这在一方面可以表明我国劳动者维权意识的增强,善于运用法律武器通过诉讼的方式来保障自身的权利。另一方面则说明劳动者仍处于弱势地位,自身权益容易受到侵害。值得一提的是 2017 年侵权纠纷案件较 2016 年有明显下降。如表 41 所示,2017 年和 2016 年商事纠纷和其他案由的涉欺诈案件变化不是很明显,总体上趋于稳定。

表 41　　　　　　　　全国 2017 年和 2016 年涉欺诈案件案由分布

全国案件案由分布	2017 年案件数(比例)	2016 年案件数(比例)
合同纠纷	5 868(60.88％)	6 365(65.66％)
劳动人事纠纷	2 487(25.79％)	1 546(15.95％)
侵权纠纷	135(1.40％)	599(6.18％)
商事纠纷	576(5.97％)	630(6.50％)
其他	573(5.94％)	554(5.71％)

　　上文已经在总体上对 2017 年和 2016 年全国涉欺诈案件案由的变化趋势进行了分析对比,接下来我们来看一下不同案由各地区的涉欺诈案件的排名及变化。为了更加精准地反映变化趋势,我们有针对性地选取了不同案由涉欺诈案件 2017 年和 2016 年排名前五的地区进行分析。总体来看,不同案由 2017 年和 2016 年排名前五的地区变化不是特别明显,这在一定程度上表明这些地区该案由的涉欺诈案件确实发生频率较高,需引起重视。

　　如表 42 所示,2017 年合同案由涉欺诈案件数排名前五的地区为广东、北京、江苏、山东和辽宁;2016 年合同案由涉欺诈案件数排名前五的地区仍有广东、辽宁、江苏、北京,我们可以看出,合同案由涉欺诈案件高发的地区大都位于东部沿海,经济相对发达。值得注意的是广东省合同案由涉欺诈案件连续两年居于第一位,正如前文所述,出现这样的原因一方面是因为广东位于东部沿海,经济发达、人口多且流动较大,致使合同领域欺诈案件高发且复杂。另一方面,该省法治程度较高,相关主体也更善于通过诉讼来维护自身权益。四川省 2016 年合同案由涉欺诈案件排名较为靠前,而 2017 年虽不在前五名之内,但在全国各地区排名中位于第六,相差不多,这表明该省合同领域涉欺诈案件发生频率也较高。

表 42		2017 年和 2016 年合同案由案件数排名前五的地区			
2017 年各地合同案由案件数（比例）			2016 年各地合同案由案件数（比例）		
广东	691	70.01%	广东	754	57.60%
北京	499	34.51%	辽宁	698	86.17%
江苏	468	69.23%	江苏	548	63.94%
山东	446	78.80%	四川	420	84.85%
辽宁	324	60.90%	北京	379	57.34%

如表 43 所示，2017 年劳动纠纷案由涉欺诈案件数排名前五的地区为北京、四川、河南、辽宁和广东；2016 年劳动纠纷案由涉欺诈案件数排名前五的地区仍有广东、北京、江苏、辽宁。我们可以看出，劳动纠纷案由涉欺诈案件高发的地区大都是人口较多或外来务工人员较多。值得注意的是北京市劳动纠纷案由涉欺诈案件连续两年居于前两位。正如前文所述，出现这样的原因一方面是因为北京经济发达、人口多且流动较大，外来务工人员较多，致使劳动领域欺诈案件高发且复杂。另一方面，这也与北京法治程度较高，劳动者也更善于通过诉讼来维护自身权益有着不可分割的关系。

表 43		2017 年和 2016 年劳动案由案件数排名前五的地区			
2017 年各地劳动案由案件数（比例）			2016 年劳动案由案件数（比例）		
北京	886	61.27%	广东	201	15.36%
四川	341	49.42%	北京	197	29.80%
河南	214	39.93%	江苏	158	18.44%
辽宁	175	32.89%	上海	148	31.03%
广东	117	11.85%	重庆	139	32.55%

如表 44 所示，2017 年侵权案由涉欺诈案件数排名前五的地区为广东、北京、江苏、浙江和河南；2016 年侵权案由涉欺诈案件数排名前五的地区仍有广东、江苏、北京和河南，我们可以看出，侵权案由涉欺诈案件高发的地区大都位于东部沿海，经济相对发达。值得注意的是广东省侵权案由涉欺诈案件连续两年居于第一位。正如前文所述，出现这样的原因是一方面是因为广东位于东部沿海，经济发达、人口多且流动较大，致使侵权领域欺诈案件高发且复杂。另一方面，该省法治程度较高，相关主体也更善于通过诉讼来维护自身权益。

总体来看,这些地区侵权案由涉欺诈案件连续两年位于前几名,因而需制定相关政策来提高社会诚信度。

表 44　　　　　　　　**2017 年和 2016 年侵权案由案件数排名前五的地区**

2017 年各地侵权案由案件数(比例)			2016 年侵权案由案件数(比例)		
广东	20	2.03%	广东	215	16.42%
北京	13	0.90%	重庆	66	15.46%
江苏	12	1.78%	江苏	52	6.07%
浙江	12	3.37%	北京	40	6.05%
河南	10	1.87%	河南	31	6.39%

如表 45 所示,2017 年商事案由涉欺诈案件数排名前五的地区为湖北、广东、江苏、山东和浙江;2016 年商事案由涉欺诈案件数排名前五的地区仍有广东、江苏和浙江,我们可以看出,商事案由涉欺诈案件高发的地区大都位于东部沿海,经济相对发达。值得注意的是湖北省 2017 年商事案由涉欺诈案件居于全国第一位,这可能与湖北省近年来支持实体经济发展,制定一系列促进企业发展的政策有关,如该省人民政府相关部门大力支持招商引资、重大项目、产业结构转型升级等。[①] 另一方面空前繁荣也使得该省商事领域欺诈案件频发,社会诚信状况较差,故政府等相关部门应制定一系列配套措施来保障商事领域的有序运行,从而真正达到支持实体经济发展的目的。

表 45　　　　　　　　**2017 年和 2016 年商事案由案件数排名前五的地区**

2017 年各地商事案由案件数(比例)			2016 年商事案由案件数(比例)		
湖北	107	28.38%	广西	261	48.60%
广东	97	9.83%	江苏	53	6.18%
江苏	47	6.95%	广东	46	3.51%
山东	36	6.36%	河南	39	8.04%
浙江	35	9.83%	浙江	37	9.56%

[①] "湖北省人民政府关于新形势下进一步加大招商引资力度的若干意见",鄂政发〔2017〕14 号。

第四节 2017年各地区涉欺诈案件获赔比例和2016年各地区涉欺诈案件获赔比例排名

本节我们将2017年和2016年全国各地区涉欺诈案件获赔比例进行了对比,这在一定程度上能够反映出我国司法对受欺诈方保护的现状,如表46所示,总体来看2017年全国涉欺诈案件获赔比例较2016年有所提升,超过了50%,这表明我国法治环境正朝着良性的方向发展,为权益受损的主体提供了充分的救济和保障途径,这反过来会促进法治的发展,人民也更愿意拿起法律武器来维护自身的权益。

表46　　　　　　　　　2017年和2016年全国涉欺诈获赔案件占比

2017年全国涉欺诈获赔案件占比(平均)	2016年全国涉欺诈获赔案件占比(平均)
54.71%	44.70%

为了进一步分析各地区2017年和2016年涉欺诈案件获赔情况,我们将这两年涉欺诈获赔案件数量除以涉欺诈案件数量得出涉欺诈案件获赔比例,并将其按照从大到小的顺序排列如下,由表47可以看出,总体来看无论是2017年还是2016年各地涉欺诈案件获赔率均达到近50%,特别是2017年全国有23个地区涉欺诈案件获赔比例在50%以上,这说明在欺诈案件中我国司法对受欺诈方的司法保护力度总体不错,并朝着较好的方向发展。

表47　　　　　　　　2017年和2016年涉欺诈案件获赔比例　　　　　　　单位：%

地　区	2017年涉欺诈案件获赔比例	2016年涉欺诈案件获赔比例	地　区	2017年涉欺诈案件获赔比例	2016年涉欺诈案件获赔比例
福　建	76.76	53.80	西　藏	66.67	0.00
广　西	73.14	18.99	安　徽	65.73	48.13
江　西	69.09	43.70	贵　州	63.88	45.68
甘　肃	68.42	55.71	海　南	62.22	22.58
青　海	66.67	77.78	山　东	60.78	53.40

续表

地　区	2017 年涉欺诈案件获赔比例	2016 年涉欺诈案件获赔比例	地　区	2017 年涉欺诈案件获赔比例	2016 年涉欺诈案件获赔比例
湖　南	60.00	43.62	天　津	52.99	61.19
浙　江	59.55	53.75	吉　林	50.84	47.95
陕　西	59.44	60.49	湖　北	46.42	46.15
河　北	59.44	52.66	四　川	45.07	33.33
上　海	59.04	56.39	重　庆	44.32	31.85
广　东	58.87	48.89	宁　夏	41.67	44.44
江　苏	57.69	53.44	河　南	34.89	51.13
内蒙古	57.14	57.41	辽　宁	32.14	18.64
云　南	57.03	36.64	新　疆	28.02	42.11
黑龙江	55.07	56.72	北　京	14.94	32.07
山　西	54.89	38.64			

2017 年涉欺诈获赔案件排名前几的地区为福建、广西、江西、甘肃,通过与 2016 年的数据作对比,可知这些地区 2017 年涉欺诈案件获赔比例均有明显提高,特别是广西 2016 年涉欺诈获赔案件比例为 18.99％,2017 年则提升至73.14％,这表明这些地区 2017 年司法环境较 2016 年有大幅度好转,对权益受损者的保护力度大为增加。值得关注的是北京市,2017 年和 2016 年涉欺诈获赔案件比例连续两年排名靠后,应当引起相关方面的重视。

为了更加直观、明了地展示 2017 年和 2016 年各地区涉欺诈案件获赔比例,我们将两年涉欺诈案件获赔比例由大到小进行了排名,并用前项排名减去后项排名,如表48。位差为正表示 2017 年涉欺诈案件获赔率排名相较 2016 年涉欺诈案件获赔率排名的下降,反之则上升,2017 年和 2016 年涉欺诈案件获赔情况上下起伏较大。总体来看,全国各地区涉欺诈获赔案件位差绝对值较大,这并不能说明 2017 年和 2016 年我国涉欺诈获赔案件比例变化较大,我们认为出现这种现象的原因是各地区涉欺诈获赔案件比例都较为接近,致使 2017 年和 2016 年排名状况相差较大。

由表 48 可知,广西壮族自治区、西藏自治区、天津市、海南省、江西省这五个地区涉欺诈案件排名变化较大,其中广西、海南和江西这三个地区 2017 年涉欺诈获赔案件排名较 2016 年有明显上升,这表明司法机关对受欺诈一方的保护力度明显增强。西藏自治区由于涉欺诈案件基数较少，所以其获赔率数据参考意义不是很大，而天津、河南、黑龙江等地区 2017 年涉欺诈获赔案件排名较 2016 年有明显下降。

表 48 **2017 年和 2016 年涉欺诈案件获赔比例排名位差**

地　区	2017 年涉欺诈案件获赔比例排名	2016 年涉欺诈案件获赔比例排名	位差	地　区	2017 年涉欺诈案件获赔比例排名	2016 年涉欺诈案件获赔比例排名	位差
福　建	1	8	−7	江　苏	17	10	7
广　西	2	29	−27	内蒙古	18	4	14
江　西	3	20	−17	云　南	19	24	−5
甘　肃	4	7	−3	黑龙江	20	5	15
青　海	5	1	4	山　西	21	23	−2
西　藏	6	31	−25	天　津	22	2	20
安　徽	7	15	−8	吉　林	23	16	7
贵　州	8	18	−10	湖　北	24	17	7
海　南	9	28	−19	四　川	25	25	0
山　东	10	11	−1	重　庆	26	27	−1
湖　南	11	21	−10	宁　夏	27	19	8
浙　江	12	9	3	河　南	28	13	15
陕　西	13	3	10	辽　宁	29	30	−1
河　北	13	12	1	新　疆	30	22	8
上　海	15	6	9	北　京	31	26	5
广　东	16	14	2				

第五章 专题分析

第一节 北京市涉欺诈
案件情况分析

一、总体情况

总体上我国涉欺诈案件发生数量较少,大部分地区涉欺诈案件在 500 件以下,这表明我国社会诚信状况总体较好。

具体来看,涉欺诈案件区间在 500 件以上的地区大都位于我国东部沿海经济发达或人口众多的区域。如北京市(1 446 件)、广东省(987 件)、四川省(690 件)以及江苏省(676 件)。涉欺诈案件数区间在 500 件以下的地区主要集中在我国中西部经济欠发达或人口稀少的地区,如西藏自治区(9 件)、青海省(24 件)和宁夏回族自治区(36 件)。

值得一提的是北京市涉欺诈案件数量居于全国第一,为 1 446 件。为了探究其中原因,我们对北京市涉欺诈案件案由分布、行业分布、案件获赔情况以及律师代理情况等因素进行了分析。

结合 2017 年北京市常住人口数量,得出北京市每百万人涉欺诈案件发生数量为 66.61 件,北京市百万人口涉欺诈案件也居于全国第一。根据 2017 年北京市 GDP、人均 GDP 可知,北京属于经济发达地区,经济发展对涉欺诈案件的发生频率有一定影响,但经济发展水平不是导致北京涉欺诈案件畸高的主要原因,北京每百万人涉欺诈案件发生数为上海的 4 倍之多,并且远远超过其他地区。为此,我们对北京涉欺诈案件案由及行业分布进行了分析。

如表 49 可知,北京 2017 涉欺诈案件数量为 2016 年的 2 倍还多,2017 百万人口涉欺诈案件发生数为 2016 年百万人口发生数 2 倍多。

表 49		北京市 2017 年和 2016 年涉欺诈案件总体情况
北　京	涉欺诈案件数量	每百万人口涉欺诈案件发生数
2017 年	1 446	66.61
2016 年	661	30.42

二、案由

如表 50，我们将北京市 2017 年和 2016 年涉欺诈案件案由分布情况提取了出来，由于案由较多，我们将排名前四的案由（合同、劳动人事、侵权以及商事）提取出来研究，将剩余案由归为其他案由。其中，北京市 2017 年涉欺诈案件，案由数量最多的是劳动人事纠纷（886 件），占北京市涉欺诈案件总数的61.27％，超过总案件数的一半，相较 2016 年劳动人事案件占比 29.8％急剧上升，也就是说 2017 年北京涉欺诈案件中劳动人事纠纷案件增多，对涉欺诈案件数量贡献较大。2017 年涉欺诈案件合同纠纷无论在数量还是占比上均相较2016 年有所下降，低于 50％，为 34.51％；而在绝对数量上，2017 年有 499 件，2016 年则为 379 件。由此可见，在一定程度上，北京市合同领域社会诚信状况虽有变化，但变化不大，不足以对人均案件数量等指标产生决定性影响。

表 50				北京市 2017 年和 2016 年涉欺诈案件案由分布情况						
北京	合同纠纷	合同纠纷案件占比（％）	劳动人事纠纷	劳动人事纠纷案件占比（％）	侵权纠纷	侵权纠纷案件占比（％）	商事纠纷	商事纠纷案件占比（％）	其他纠纷	其他纠纷案件占比（％）
2017 年	499	34.51	886	61.27	13	0.90	19	1.31	29	2.01
2016 年	379	57.34	197	29.80	40	6.05	13	1.97	32	4.84

如表 50，我们可以看出，北京市 2017 年涉欺诈案件之所以出现异常情况，主要是劳动人事案件纠纷案件激增，为进一步了解其中缘由，根据现有数据，我们提取了北京市劳动人事纠纷案件的判决书：在 886 件劳动人事案件中，有807 件为劳动者与北京城建四建设工程有限责任公司劳动争议上诉案件，且均为北京城建四建设有限公司因资产重组与职工解除劳动合同的纠纷，故而出

现劳动人事纠纷案件数量激增,导致北京市涉欺诈案件数量异常的情况。

三、行业

我们对北京市企业涉欺诈案件进行了行业分析,选取了行业案件数排名前6的6个行业进行分析,分别为:建筑业、批发和零售业、房地产业、制造业、租赁和商务服务业、金融业。如表51所示,北京市2017年企业涉欺诈案件总数为1 368件,其中,建筑行业案件最多,为844件,占比超过总案件的一半,为61.70%。这也证实了我们的结论,由于北京城建四建设工程有限责任公司劳动争议案件数量最多,所以使得建筑行业涉欺诈案件数量较多。批发零售行业案件数量居于第二位,为252件,占比为18.42%,其他三个行业案件数量和占比总体都不高。

表51　　　　　　　　北京市2017年涉欺诈案件行业分布情况

	企业涉欺诈案件数量	建筑业	建筑业占比(%)	批发和零售业	批发和零售业占比(%)	房地产业	房地产业占比(%)	制造业	制造业占比(%)	租赁和商业服务业	租赁和商业服务业占比(%)
北京	1 368	844	61.70	252	18.42	51	3.73	128	9.36	71	5.19

四、北京市涉欺诈案件

(一) 总体分析

经过上述分析,我们可知,北京市2017年涉欺诈案件出现异常的原因是在劳动人事领域不同职工对同一公司起诉,从而使得劳动人事案件数量较多。为了更加准确了解北京市涉欺诈案件的发生情况,我们将806件为劳动者与北京城建四建设工程有限责任公司劳动争议上诉案件剔除,来进一步分析北京市社会诚信状况。在剔除806件涉欺诈案件后,得出北京市2017年涉欺诈案件为640件,我们按照上述标准对北京市640件涉欺诈案件进行统计。如表52所示,在剔除相应案件后,北京市2017年涉欺诈案件的发生数量和百万人口涉欺诈案件发生数都与2016年相差不大。可见,北京涉欺诈案件之所以会出现异常情况,是因为在劳动人事领域因不同职工与同一公司因同一事由发生纠纷,使得该领域涉欺诈案件数量激增。

表52	北京市 2017 年和 2016 年涉欺诈案件总体情况	
北　京	涉欺诈案件数量	每百万人口涉欺诈案件发生数
2017 年	640	29.48
2016 年	661	30.42

　　如图 37 和图 38 所示，在剔除了北京市 806 件涉欺诈案件后，北京市涉欺诈案件的排名由全国首位降到了第四位，在此情况下，北京市涉欺诈案件发生情况就显得不那么异常了。

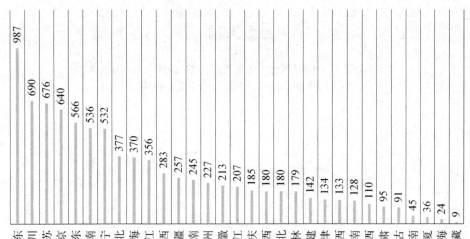

图 37　2017 年各地区涉欺诈案件发生数

　　如图 39，我们以各地区涉欺诈案件数量除以各地区常住人口数得出各地百万人口涉欺诈案件发生数，来进一步衡量各地区涉欺诈案件发生情况。如图 39 所示，北京市在剔除了 806 件涉欺诈案件后，百万人口涉欺诈案件数仍居于全国第一位，是上海的近 2 倍。而涉欺诈案件数量居于全国前几位的广东省、四川省和江苏省百万人口涉欺诈案件数量却显得不那么突出，仅从图 39 来看，我们认为由于这几个地区都属于人口大省，所以涉欺诈案件总数虽然较多，但平均下来却不会那么突出。那么除了人口因素，影响北京市百万人口涉欺诈案件的因素还有哪些呢？为此，我们针对北京市涉欺诈案件案由、行业、获赔以及律师代理等情况进行分析。

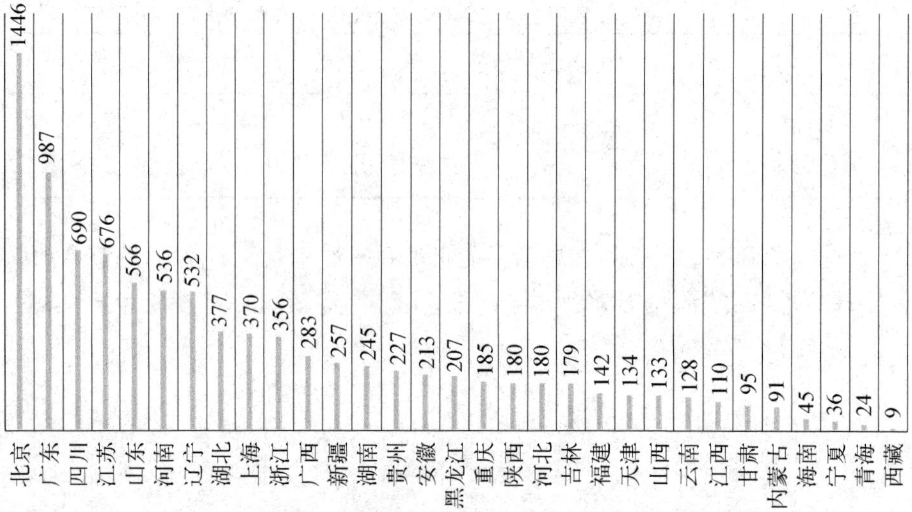

图 38 2017 年各地区涉欺诈案件发生数（剔除北京 806 件与
城建四建设工程有限责任公司劳动争议案件）

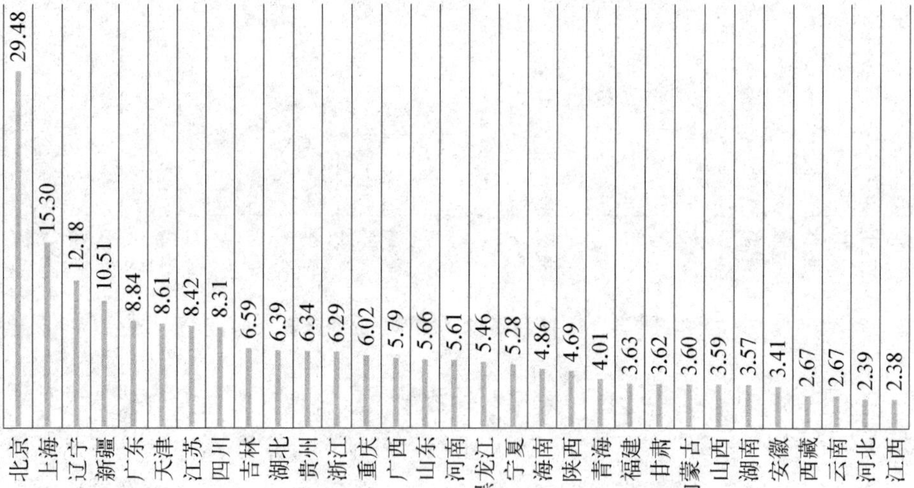

图 39 2017 年各地区百万人口涉欺诈案件发生数

（二）案由

如表 53 所示，我们将北京市 2017 年和 2016 年涉欺诈案件案由分布情况
提取了出来，其中，无论是 2017 年还是 2016 年北京市合同案由案件数量都居
于第一位，超过北京市涉欺诈案件的一半还多。劳动人事案由案件在剔除了

806 件与城建四建设工程有限责任公司劳动争议案件后，相比 2016 年数量有所下降。其他案由如侵权、商事涉欺诈案件数量及占比总体变化不大。

表 53　　　　北京市 2017 年和 2016 年涉欺诈案件案由分布情况

北京	合同纠纷（件）	合同纠纷案件占比（%）	劳动人事纠纷（件）	劳动人事纠纷案件占比（%）	侵权纠纷（件）	侵权纠纷案件占比（%）	商事纠纷（件）	商事纠纷案件占比（%）	其他纠纷（件）	其他纠纷案件占比（%）
2017 年	499	77.97	80	12.50	13	2.03	19	2.97	29	4.53
2016 年	379	57.34	197	29.80	40	6.05	13	1.97	32	4.84

值得一提的是北京市 2017 年涉欺诈合同案件占比达到了 2/3，比 2016 年有小幅度提升。为此，我们对北京市合同纠纷案由案件又进行了细化，发现在合同案由案件中，买卖合同案件占比 50.1%，也就是说在买卖合同领域欺诈现象多发。我们随机抽取买卖合同 10 份判决书，发现其中有 8 份买卖合同涉及居民与百货公司、超市之间的纠纷。以此为基础，可以初步判断北京市合同案由涉欺诈案件高发的原因有二：第一，合同与每个主体都息息相关，特别是作为大都市，北京市各个主体之间的交流更加密切，从而便更容易滋生欺诈行为。第二，北京市作为全国经济发达地区之一，人们消费需求多种多样，各大百货、超市的种类和数量也较多，从而使得二者在买卖交易过程中存在的问题也相对较多。

（三）行业

我们对北京市企业涉欺诈案件进行了行业分析，我们选取了行业案件数排名前 5 的 5 个行业进行分析，分别为批发和零售业、房地产业、制造业、租赁和商务服务业、金融业。如表 54 所示，北京市企业涉欺诈案件总数为 562 件，其中，批发零售行业案件数量最多，为 252 件，占比为 44.84%，制造业居于第二位，占比为 22.78%，作为经济发达的一线大城市，北京市的房地产业、金融业、租赁和商业服务业涉欺诈案件无论是数量还是占比都不高，这似乎与我们的传统观念不符。实际上，出现这种现象可能有以下两方面的原因：第一，作为经济发达的城市，房地产业、金融业以及租赁和商业服务业已形成完善的规模，不同于发展初期存在较多的问题和不完善的地方。第二，政府对这些行业的监管措施相对完善，这就在一定程度上给了欺诈行为有力的震慑，故这些行业社会诚信状况相对较好。

表 54				北京市 2017 年涉欺诈案件行业分布情况						
企业涉欺诈案件数量	批发和零售业	批发和零售业占比（%）	房地产业	房地产业占比（%）	制造业	制造业占比（%）	金融业	金融业占比（%）	租赁和商业服务业	租赁和商业服务业占比（%）
北京	562	252	44.84	51	9.07	128	22.78	10	1.78	71	12.63

北京市批发零售业涉欺诈案件数量较多，这也和上文我们得出的结论一致，北京市买卖合同涉欺诈案件数量较多，出现这种情况的原因可能有以下三个方面：首先，批发零售业经营成本低，规模可大可小，特别是互联网的普及和迅速发展，致使该行业迅速发展，经营人数也不断增加；其次，在庞杂的批发零售行业中，由于门槛低，各种人都可以经营运作，欺诈现象也层出不穷，致使生产的产品质量不过关，未达到国家安全标准等一系列问题的出现；最后，虽然国家出台一系列法律来整顿过快发展的批发零售业，但该行业仍存在很多问题，仍有很多法律漏洞给人以可乘之机。

（四）获赔情况

如表 55，我们将北京市 2017 年和 2016 年涉欺诈案件获赔情况进行了统计，从中我们可以看出，北京市涉欺诈案件获赔情况总体不容乐观，与上海 59.04%的案件获赔率相比，北京市两年涉欺诈案件获赔率远远低于 50%。出现这种情况似乎是因为北京市涉欺诈案件数量远超上海市，使得案件基数大，从而获赔率不高。为了进一步弄清其中的原因，我们查看了未获得赔偿的涉欺诈案件，发现在合同领域尤其是买卖合同领域的案件居多，这也刚好印证了北京市合同领域特别是买卖合同领域涉欺诈案件占比较大，从而使得此领域涉欺诈案件基数大，未获得赔偿的案件数相比其他领域也会较多。

表 55	2017 年和 2016 年涉欺诈案件获赔情况（北京/上海）		
地区（时间）	涉欺诈案件数量	获赔案件总数	获赔案件率（%）
北京（2017 年）	640	216	33.75
北京（2016 年）	661	212	32.07
上海（2017 年）	370	222	59.04

（五）律师代理情况

律师对司法案件审判有着不可或缺的作用。我们将北京市 2017 年和

2016 年涉欺诈案件攻方和守方委托律师的情况进行了统计,需要说明的有两点:一是这里的攻方是指原告或上诉人,守方是指被告或被上诉人。二是涉欺诈案件委托律师案件数量为攻方涉欺诈案件委托律师数加上守方涉欺诈案件委托律师数,会存在案件重复计算的情况,所以涉欺诈案件委托律师案件占比会超过 100%。

如表 56 所示,总体来看,2017 年和 2016 年北京市涉欺诈案件委托律师案件占比变化不大,与上海也相差无几,这表明在发生纠纷时相关主体还是比较倾向聘请律师。具体来看,北京市 2017 年和 2016 年涉欺诈案件攻方和守方聘请律师的案件占比相差不大,但从表 56 我们可以看出,攻方律师案件占比稍高于守方律师案件占比,这与上海攻守方聘请律师案件占比有所不同。由此可见,北京市相关主体在发生纠纷时特别是攻方更倾向于聘请律师,以增大自己的胜诉率,从而获得赔偿。

表 56　　　　2017 年和 2016 年涉欺诈案件律师代理情况(北京/上海)

地区(时间)	涉欺诈案件数量	涉欺诈案件攻方委托律师案件数	涉欺诈案件攻方委托律师案件占比(%)	涉欺诈案件守方委托律师案件数	涉欺诈案件守方委托律师案件占比(%)	涉欺诈案件委托律师案件数	涉欺诈案件委托律师案件比例(%)
北京(2017 年)	640	379	59.22	351	54.84	730	114.06
北京(2016 年)	661	447	67.62	331	50.08	778	117.70
上海(2017 年)	370	207	55.95	228	61.62	435	117.57

第二节　京津冀和江浙沪地区涉欺诈案件情况分析

在全国各地涉欺诈案件中,我们在充分考虑数据和不同地区自身基本情况的基础上,选取了京津冀和江浙沪这两个不同地区来对涉欺诈案件进行分析,以便更好地探究两个地区涉欺诈案件的发生及分布情况,从而得出相关结论。

一、京津冀和江浙沪地区涉欺诈案件基本分布情况

我们先对这两个地区六个省份 2017 年和 2016 年的涉欺诈案件数量进行

了统计,如图 40 所示,2017 年涉欺诈案件数量排名第一位的是北京市,2016 年涉欺诈案件排名第一位的是江苏省,天津市和河北省 2017 年和 2016 年两年涉欺诈案件排名均居于后两位,且总体上案件数量不多。从图 40 我们可以看出除北京市以外,其他五个地区 2017 年和 2016 年涉欺诈案件数量总体变化不大,北京市 2017 年涉欺诈案件数量较高的原因是在劳动人事领域不同职工对同一公司起诉,使得劳动人事案件数量较多,进而导致北京市涉欺诈案件出现激增。

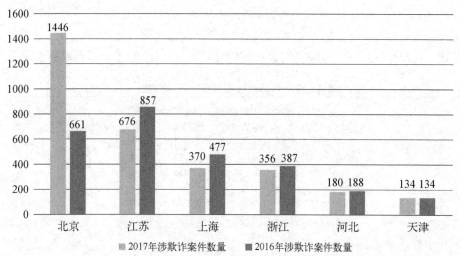

图 40　2017 年和 2016 年京津冀和江浙沪各地区涉欺诈案件数量

在分析过六个地区涉欺诈案件数量后,我们将涉欺诈案件数量进行了总合,分为两个不同地区,京津冀和江浙沪,如表 57 所示,2017 年京津冀和江浙沪涉欺诈案件数量较为接近,相比之下京津冀地区涉欺诈案件数量稍高,为1 760 件。2016 年两个地区中江浙沪涉欺诈案件数量高于京津冀,为1 721 件,且二者相差较大。

表 57　　　　京津冀和江浙沪 2017 年和 2016 年涉欺诈案件数量

地　区	2017 年涉欺诈案件数量	2016 年涉欺诈案件数量
京津冀	1 760	983
江浙沪	1 402	1 721

　　京津冀地区 2017 年涉欺诈案件数量相较 2016 年有了极大提升,结合图
40 及上述分析可知,这主要是因为北京市涉欺诈案件对该地区涉欺诈案件数
量贡献较大,至于北京市涉欺诈案件数量较多的原因,我们在前文中已作了分
析和说明。相反江浙沪地区 2017 年涉欺诈案件数量相较 2016 年有所下降,
结合图 40 可知,江苏省、上海市和浙江省三个地区 2017 年涉欺诈案件数量相
较 2016 年均有所下降,这在一定程度上可以表明,江浙沪地区总体上社会诚
信状况有所好转。

　　如表 58,我们结合两个地区常住人口数量,得出百万人口涉欺诈案件发生
数。京津冀地区 2017 年百万人口涉欺诈案件发生数为 15.65 件,接近江浙沪
2 倍,而 2016 年京津冀百万人口涉欺诈案件数少于江浙沪地区。我们认为出
现这种情况的原因有两个:第一,2017 年京津冀涉欺诈案件数量总体相较
2016 年有所增加,而江浙沪地区涉欺诈案件数量减少。第二,京津冀常住人口
数量比江浙沪地区要少,2017 年京津冀地区常住人口为 112.48(百万),江浙沪
地区常住人口为 161.04(百万),所以综合来看,京津冀地区百万人口涉欺诈案
件发生数比江浙沪地区要高。

表 58　京津冀和江浙沪 2017 年和 2016 年百万人口涉欺诈案件发生数

地　区	2017 年每百万人口涉欺诈案件发生数	2016 年每百万人口涉欺诈案件发生数
京津冀	15.65	8.77
江浙沪	8.71	10.75

二、京津冀和江浙沪地区涉欺诈案件案由分布

　　如表 59 所示,我们将京津冀和江浙沪两个地区涉欺诈案件案由提取出来
进一步分析。由于案由较多,我们将排名前四的案由(合同、劳动人事、侵权以
及商事)提取出来研究,将剩余案由归为其他案由。如表 59 可知,京津冀地区
涉欺诈案件发生数量最多的为劳动人事纠纷,占比 52.27%,合同案由案件居
于第二位,占比 42.44%,侵权案件、商事案件以及其他案由占比均不高。京津
冀地区劳动人事案件数量较多的主要原因是北京市劳动人事案件数量的增
加,具体原因我们在上文已经有较为详细的论述。

表 59				京津冀和江浙沪涉欺诈案件案由分布情况							
地区	合同纠纷	合同纠纷案件占比(%)	劳动人事纠纷	劳动人事纠纷案件占比(%)	侵权纠纷	侵权纠纷案件占比(%)	商事纠纷	商事纠纷案件占比(%)	其他纠纷	其他纠纷案件占比(%)
京津冀	747	42.44	920	52.27	17	0.97	38	2.16	38	2.16
江浙沪	925	65.98	165	11.77	27	1.93	105	7.49	180	12.84

　　江浙沪地区涉欺诈案件发生数量最多的案由为合同纠纷,占比65.98%,为总案件数的一半还多,劳动人事案件占比11.77%。江浙沪地区涉欺诈合同案件案由数量最多,为了进一步弄清其中原因,我们进一步对合同案由案件进行了细化,发现在合同案由案件中,房屋买卖合同和买卖合同共占比50%以上,特别是买卖合同案件占比最高,通过人工方式阅读判决书可以发现,除了房屋买卖合同外,买卖合同案件中出现最多的为汽车买卖纠纷和商品买卖(如商场、大型超市)纠纷。在对比京津冀地区的合同纠纷案件,情况与江浙沪类似。为此我们可以得出这样的结论:买卖合同涉欺诈案件多发的地区多为经济发达,人们消费需求旺盛,大型超市和商场种类较多。我们认为江浙沪地区合同案件案由较京津冀地区多的原因有两个:一是江浙沪地区较京津冀地区人口多,人们消费需求更加多种多样;二是江浙沪这三个地区均是经济较为发达地区,人均可支配收入较高,消费能力较强,从而使得在交易过程中易出现较多的问题。

　　如表60,我们将京津冀和江浙沪2016年和2017年涉欺诈案由分布情况进行了比较,发现这两个地区2017年和2016年涉欺诈案件案由总体变化不大。

表 60				京津冀和江浙沪2017年和2016年涉欺诈案件案由分布情况							
地区/时间	涉欺诈案件数量	合同纠纷	合同纠纷案件占比(%)	劳动人事纠纷	劳动人事纠纷案件占比(%)	侵权纠纷	侵权纠纷案件占比(%)	商事纠纷	商事纠纷案件占比(%)	其他纠纷	其他纠纷案件占比(%)
2016年京津冀	983	625	63.58	229	22.30	50	5.09	18	1.83	61	6.21
2017年京津冀	1 760	747	42.44	920	52.27	17	0.97	38	2.16	38	2.16

续表

地区/时间	涉欺诈案件数量	合同纠纷	合同纠纷案件占比（%）	劳动人事纠纷	劳动人事纠纷案件占比（%）	侵权纠纷	侵权纠纷案件占比（%）	商事纠纷	商事纠纷案件占比（%）	其他纠纷	其他纠纷案件占比（%）
2016年江浙沪	1 721	1 110	64.50	337	19.58	84	4.88	113	6.57	77	4.47
2017年江浙沪	1 402	925	65.98	165	11.77	27	1.93	105	7.49	180	12.84

京津冀地区由于劳动人事案件发生变化使得 2017 年该地区劳动人事案件占比激增。江浙沪地区 2017 年涉欺诈案件较 2016 年有所下降,但这两年江浙沪各类案由占比变化基本不大,合同案由连续两年占比超过一半,居于第一位,其中原因上文已论述过。

三、2017 年京津冀和江浙沪地区涉欺诈案件行业分布

我们对京津冀和江浙沪涉欺诈案件行业分布情况进行了分析,选取了行业案件数排名前 6 的 6 个行业进行分析,分别为:批发和零售业、房地产业、制造业、租赁和商务服务业、金融业、建筑业。如表 61 所示,京津冀地区企业涉欺诈案件总数为 1 638 件,其中,建筑行业案件数量最多,为 857 件,占比为 48.69%,批发零售业居于第二位,占比为 18.47%,其他行业占比均不是很高。京津冀地区建筑行业涉欺诈案件较多是因为北京市 2017 年北京城建四建设工程有限责任公司劳动争议案件数量最多,使得总体上建筑行业涉欺诈案件数量也就较多。江浙沪地区企业涉欺诈案件总数为 1 233 件,其中批发零售业案件数量最多,为 288 件,占比 20.54%,制造业居于第二位,案件数量为 213 件,占比 15.19%。通过阅读相关判决书,我们得知批发零售行业涉欺诈案件发生最多的仍是居民和大型商场、超市之间的纠纷;而制造业多集中在机械制造领域。出现这种情况的原因主要因为江浙的机械工业比较发达,例如在江苏,集聚着 300 多家著名企业,其中大部分集中于制造业,所以该领域有较大概率出现较多的问题。

表 61												2017 年京津冀和江浙沪涉欺诈案件行业分布情况
地 区	企业涉欺诈案件数量	批发和零售业	批发和零售业占比(%)	房地产业	房地产业占比(%)	制造业	制造业占比(%)	金融业	金融业占比(%)	租赁和商业服务业	租赁和商业服务业占比(%)	建筑业	建筑业占比(%)
京津冀	1 638	325	18.47	85	4.83	174	9.89	41	2.33	84	4.77	857	48.69
江浙沪	1 233	288	20.54	151	10.77	213	15.19	124	8.84	175	12.48	76	5.42

四、2017 年京津冀和江浙沪地区涉欺诈案件获赔情况

如表 62 所示,我们将京津冀和江浙沪两地区的涉欺诈案件获赔情况进行了统计。值得我们注意的是京津冀地区涉欺诈案件获赔情况不容乐观,获赔比率仅为 22.39%,远远低于江浙沪地区 58.77%。

表 62	2017 年京津冀和江浙沪涉欺诈案件获赔情况		
地 区	涉欺诈案件数量	获赔案件总数	获赔案件率(%)
京津冀	1 760	394	22.39
江浙沪	1 402	824	58.77

为了进一步弄清出现这种情况的原因,我们对这两个地区六个省市各自的获赔率进行了统计,如图 41 所示,除北京市外,其他五个省市的获赔率较为相近,均在 50% 以上,而北京市涉欺诈案件获赔率仅为 14.94%,为什么会出现这种情况呢? 为此,我们对北京市涉欺诈案件进行了详细地分析,发现北京市获赔案件率较低的原因主要有两个:一是北京市涉欺诈案件总数较多,为 1 446 件,案件基数较大。二是北京市未获得赔偿的涉欺诈案件中,劳动人事领域因北京城建四建设工程有限责任公司劳动争议案件数量最多,且法院未支持当事人诉求从而使得未获得赔偿的案件数量较多;合同领域尤其是买卖合同领域的案件居多。这些未获得赔偿的案件(1 230 件)中有将近 80% 攻方未聘请律师,而获得赔偿的案件(216 件)有超过 60% 攻方聘请了律师,这在一定程度上表明聘请律师与否与案件是否获得赔偿有着

图41　2017年江浙沪和京津冀涉欺诈案件获赔案件率

密切的联系。

如表63所示，我们将京津冀和江浙沪这两个地区2017年和2016年涉欺诈案件获赔情况进行了对比，发现京津冀地区2017年案件获赔率比2016年有较多下降，但获赔案件数量总体相差不大，出现这样的情况是因为2017年京津冀地区涉欺诈案件数量有所增加，导致基数较大而使得案件获赔率下降。江浙沪地区2017年案件获赔率较2016年有所上升，无论是获赔案件数量还是获赔比率总体变化都不是很大。

表63　　　　　京津冀和江浙沪2017年和2016年涉欺诈案件获赔情况

地区/时间	涉欺诈案件数量	获赔案件总数	获赔案件率（％）
2017年京津冀	1 760	394	22.39
2016年京津冀	983	393	39.98
2017年江浙沪	1 402	824	58.77
2016年江浙沪	1 721	935	54.33

五、2017年京津冀和江浙沪地区涉欺诈案件律师代理情况

我们将京津冀和江浙沪涉欺诈案件攻方和守方委托律师的情况进行了统

计,需要说明的有两点:一是这里的攻方是指原告或上诉人,守方是指被告或被上诉人;二是涉欺诈案件委托律师案件数量为攻方涉欺诈案件委托律师数加上守方涉欺诈案件委托律师数,会存在案件重复计算的情况,所以涉欺诈案件委托律师案件占比会超过 100%。

如表 64 所示,无论是京津冀还是江浙沪地区,涉欺诈案件守方委托律师的占比均明显高于攻方委托律师的占比,由此我们可以得出这样的结论:在纠纷发生时,守方更倾向于委托律师来提高其胜诉率。我们认为主要有以下两个原因:首先,与人的心理有关,当一个案件发生时,特别是当被他人起诉到法院时,为了更好地应诉,增强胜算率,大多数人会聘请专门的律师。其次,一般情况下在案件中作为被告当事人,或多或少都存在理亏或心虚的情况,故为了更好地维护自身利益聘请律师显得更加普遍。

表 64			2017 年京津冀和江浙沪涉欺诈案件律师代理情况				
地 区	2017 年涉欺诈案件数量	涉欺诈案件攻方委托律师案件数	涉欺诈案件攻方委托律师案件占比(%)	涉欺诈案件守方委托律师案件数	涉欺诈案件守方委托律师案件占比(%)	涉欺诈案件委托律师案件数	涉欺诈案件委托律师案件比例(%)
京津冀	1 760	558	31.70	1 362	77.39	1 920	109.09
江浙沪	1 402	945	67.40	986	70.33	1 931	137.73

京津冀地区涉欺诈案件攻方委托律师案件占比较江浙沪地区明显减小,也就是说京津冀地区在发生相关纠纷时,攻方当事人更倾向不委托律师,我们发现出现这种情况的原因是北京地区涉欺诈案件攻方委托律师占比较低,仅为 26.21%,通过仔细阅读相关判决书,我们发现北京市劳动合同案数量多且攻方当事人多为劳动者,此类案件大多数攻方当事人均未委托律师。故我们认为一方面是因为劳动者自身经济能力有限,在纠纷发生时可能不倾向于委托律师辩护。另一方面是因为我国法律法规对劳动者保护较为完善,使得劳动者的权益在不委托律师的情况下可以得到有效的保护。

总体来看,京津冀地区涉欺诈案件当事人委托律师的案件占比为109.09%,江浙沪地区涉欺诈案件当事人委托律师的案件占比为 137.73%,相比来看,江浙沪地区人民在发生纠纷时更倾向于聘请律师来维护自身权益,京津冀地区委托律师案件占比之所以较低的原因与北京市劳动人事涉欺诈案件攻方委托律师占比有着极为重要的关系。但这两个地区涉欺诈案件委托律师的占比都不是很低，这表明在经济发达，法制化水平较高的地区人民的维权意识，发生纠纷时聘请律师代理的频率相比之下都较高。

第六章　民间借贷案件的
司法指数

　　本章的数据来源于 2017 年全国(除港澳台地区)31 个省/自治区/直辖市中院及中级以上法院审理的所有民间借贷纠纷案件(删除了裁定书,只保留判决书)。在此基础上,得到判决书共计 69 067 份。

第一节　民间借贷纠纷案件的
　　　　地域分布情况及案件
　　　　发生影响因素分析

　　首先我们统计了 31 个省/自治区/直辖市 2017 年度民间借贷纠纷案件的数量,根据法院管辖的有关规定,一般来说,中院高院审理的案件多集中于二审或再审案件。只有影响重大、案情复杂、重大涉外的案件才会由中院及以上的法院一审,一般来说数量较少。通过对案件发生数量进行统计,我们可以大致了解各地区案件发生数量的多少,从而判断各地区的民间借贷领域诚信度的高低。

一、民间借贷案件发生数量的地区分布规律

表 65　　　　　2017 年度各地区发生民间借贷案件的数量统计

地　区	案件总数	一审	二审	再审	执行	中院	高院
安　徽	2 666	33	2 570	53	10	2 605	61
北　京	1 315	14	1 267	20	14	1 309	6
福　建	3 610	220	3 283	101	6	3 543	67
甘　肃	893	113	772	6	2	848	45

续表

地 区	案件总数	一审	二审	再审	执行	中院	高院
广 东	5 363	194	5 116	49	3	5 342	21
广 西	1 427	25	1 368	34	0	1 422	5
贵 州	1 549	94	1 439	16	0	1 477	72
海 南	151	8	138	4	1	149	2
河 北	2 199	24	2 115	56	4	2 191	8
河 南	8 073	30	7 922	117	3	8 019	54
黑龙江	1 246	74	1 123	49	0	1 189	57
湖 北	2 297	57	2 182	57	1	2 253	44
湖 南	2 274	24	2 112	135	3	2 224	50
吉 林	1 391	64	1 275	50	2	1 361	30
江 苏	5 229	31	5 052	140	6	5 156	73
江 西	2 070	122	1 913	34	1	1 983	87
辽 宁	1 847	8	1 764	55	0	1 829	18
内蒙古	1 785	31	1 686	68	0	1 768	17
宁 夏	638	79	543	15	1	617	21
青 海	138	23	109	6	0	127	11
山 东	4 121	33	3 941	146	1	4 067	54
山 西	1 481	20	1 432	29	0	1 460	21
陕 西	1 859	79	1 768	12	0	1 839	20
上 海	1 259	9	1 237	13	0	1 251	8
四 川	3 303	75	3 111	114	3	3 164	139
天 津	683	18	652	13	0	675	8
西 藏	45	5	39	1	0	41	4
新 疆	2 899	1 896	951	43	9	2 731	168
云 南	1 827	336	1 476	15	0	1 740	87
浙 江	3 509	56	3 341	112	0	3 453	56
重 庆	1 878	65	1 774	39	0	1 841	37

　　表 65 为 31 个省份 2017 年度发生民间借贷案件的数量统计,且根据法院层级和审理程序的不同分别统计了各地区中院、高院;一审、二审、再审的案件数量(注:总数据中还包括最高院审理的案件与执行案件,所以这两个栏目下相加的案件总数并不是统计的全国案件总数)。根据表 65 可以看出,31 个省

级行政区的二审案件的数量的确要远远高于一审、再审案件的数量,大部分地区由中院或高院审理的一审案件仅占全部案件的1‰左右,但有一个地区较为特殊,即新疆维吾尔自治区。新疆案件总数量为2 899件,其中一审案件数量就高达1 896件,新疆一审案件占案件发生总数的65%,也是31个省份中唯一一个一审案件数量超过二审案件数量的地区。

但并不能断言新疆发生的民间借贷案件中案情复杂、标的额巨大的案件占了大多数,在具体判决书中我们发现,大部分案件并不属于上述法律规定的应由中院或高院审理的一审案件。所以新疆会产生大量的一审案件由中院、高院审理的原因可能是:该地区的法院设置比较特殊,新疆设置了大量的建设兵团人民法院共3级43个,其中全区13个地州市所在地的师设有13个中级人民法院。《全国人民代表大会常务委员会关于新疆维吾尔自治区生产建设兵团设置人民法院和人民检察院的决定》第3条:兵团人民法院管辖以下民事案件:(一) 垦区范围内发生的案件;(二) 城区内发生的双方当事人均为兵团范围内的公民、法人或者其他组织的案件;(三) 城区内发生的双方当事人一方为兵团范围内的公民、法人或者其他组织,且被告住所地在兵团工作区、生活区或者管理区内的案件。因此,法院设置上的特殊可能会导致中高院一审的案件数量较多。

另外,下文我们也分析到了新疆2017年因为政策变化原因导致的案件数量增多,这也可能是一审案件数量占比高的原因之一,具体政策见下文。

图42是根据表65案件发生数量一列的数据从高到低进行排序后绘制的

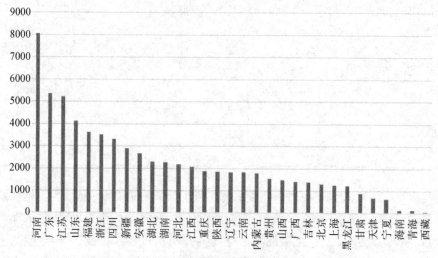

图42 2017年度发生民间借贷案件的数量统计柱形图

柱状图,如图 42 所示：民间借贷纠纷案件发生数量多集中在 1 000—3 000 件之间。案件数量排名前五的地区为河南省、广东省、江苏省、山东省、福建省；排名倒数五位的地区为天津、宁夏、海南、青海、西藏,其中数量高达 8 000 件的地区仅有一个,即河南省。

　　那么民间借贷纠纷发生受到何种因素的影响呢？根据图 42,案件发生数量最少的几个地区,基本上都属于我国地广人稀的西部地区,总人口较少,相对全国来说,经济发展和经济活动都不是太活跃。而案件发生数量最多的几个地区,基本上属于我国人口数量多,人口密度大的地区。所以我们首先猜想各地区的常住人口数会对案件发生数量产生影响。

　　而经济发展水平对案件发生数量是否会产生影响,产生的是正面还是负面影响呢？根据预判,经济发达的东南沿海地区一方面经济活动活跃,商业交易多,借贷需求高,从而可能导致发生纠纷的可能性增加。但另一方面经济发达地区在监管上更加严格、立法上起步也较早,也有可能导致纠纷的数量反而减少。为了验证上述猜想,我们将案件数量进行分段,探究其中的地域分布规律,在通过地域分布规律,研究可能会影响案件数量的因素。

　　根据表 65 第一列数据(案件总数)将案件发生数量进行分区,区间分别为45—1 000 件；1 000—2 000 件；2 000—3 000 件；3 000—5 000 件；5 000 件以上。民间借贷纠纷案件 31 个地区平均发生数量为 2 227 件,根据平均数,2 000件以下的地区为案件发生数量较少的地区,2 000 件以上的地区为案件发生数量较多的地区。

　　我们可以得出如下结论：

　　首先,东北地区的黑龙江省、辽宁省、吉林省发生的案件数量总数都在1 000—2 000 件这一数值区间。西南地区的案件数量除了四川省(民间借贷案件数量为 3 303 件)外,西北地区的除了新疆维吾尔自治区(案件发生数量为2 899 件),都属于总数在 2 000 件以下数量较少的地区,其中甘肃省、青海省、宁夏回族自治区都是案件发生数量排名倒数的地区。综合看来,我国的东北地区、西部地区(除了四川省和新疆维吾尔自治区之外),都属于民间借贷纠纷发生较少的地区。

　　其次,华东地区除了上海市,其余城市的纠纷发生数量均超过了 2 000 件,其中江苏纠纷发生数量为 5 229 件,山东纠纷发生数量为 4 121 件。华北地区除了河北的案件较多外(数量为 2 199 件,但仍未超过各地区平均案件发生数），其余地区纠纷发生数量均在 2 000 件以下，其中天津市的案件发生数量仅为 683 件。华中地区的三个地区的纠纷发生数量均在 2 000 件以上，其中河南的纠纷数量全国排名第一，高达 8 073 件。

最后，从总体上看，北部地区和西部地区发生民间借贷纠纷案件数量都较少，但是位于西部地区的新疆和四川的案件数量却较多；中部和东部地区发生民间借贷纠纷案件数量相对而言，普遍较高，但其中上海市、北京市、天津市，以及山西省的案件发生数量都较少。

二、影响民间借贷纠纷案件发生的因素

根据以上统计，案件发生数量确实存在地区分布规律：常住人口数量多，人口密度高的地区，案件发生数量多。但是规律中也存在异常，例如河南省的案件数量要远远高于其他地区，但从人口数量上来说，广东省才是全国唯一一个人口数量破亿的地区；再比如说，新疆维吾尔自治区的案件发生数量高达 2 899 件，但其常住人口数量排名在全国则较为靠后。可见，影响到民间借贷纠纷案件发生的因素还有很多。根据一般的思维进行预设，地区总 GDP（亿元）；各地区人均 GDP（元）；人均可支配收入；城镇人口比例（百分比）；城镇失业率（百分比）；各产业增加值（亿元）；各地区民间借贷政策；各地区对小额借贷公司的管控政策；各地区银行信贷政策等因素都有可能影响到 2017 年度的各地区的民间借贷纠纷案件发生的数量。因此，对可用具体数据表示的九个因素与各地区案件发生数量进行了皮尔逊相关性分析，得出的结论如下表 66 所示：

表 66　　　　各地区案件发生数量影响因素的皮尔逊相关性分析结果

皮尔逊相关性	常住人口数（百万）	地区总 GDP（亿元）	人均可支配收入（元）
案件发生数量	$p=0.000;r=0.831$	$P=0.000;r=0.780$	$P=0.624;r=0.092$
皮尔逊相关性	城镇人口比例（百分比）	人均 GDP（元）	城镇失业率（百分比）
案件发生数量	$P=0.727;r=0.065$	$P=0.417;r=0.151$	$P=0.743;r=0.061$
皮尔逊相关性	第一产业增加值（亿元）	第二产业增加值（亿元）	第三产业增加值（亿元）
案件发生数量	$P=0.000;r=0.745$	$P=0.000;r=0.809$	$P=0.000;r=0.707$

对表66得出的数据进行分析可得出如下结论：与案件发生数量具有统计学上显著相关性的变量有2017年常住人口数（百万），P值＝0.000＜0.001，与案件发生数量具有显著相关性，r＝0.831＞0.8，即案件发生数量与各地区常住人口数量呈高度正向相关，也即各地区常住人口数量越多，案件发生数量越多。这也与我们的预设相符，人口数量是影响案件发生数量的重要因素之一。

另外，根据表66我们还可以得出如下结论，地区总GDP（亿元）与案件发生数量具有统计学意义上显著相关性，P值＝0.000＜0.001，r＝0.780＜0.8，呈中度正向相关，也即地区总GDP越高的地区，案件发生数量越多。

地区总GDP可以大致上反应的是2017年这一年度这一地区经济实力和市场规模，换言之，总GDP越高的地区，可以反映这一年度该地区的经济活动也就越频繁，商业交往，金钱往来也就越多。经济活动更加频繁，由此产生的民间借贷纠纷就越多。除此之外，与民间借贷纠纷还具有显著相关性的变量还有第一产业增加值（亿元）；第二产业增加值（亿元）；第三产业增加值（亿元），这三个变量均与案件发生数量具有中高度正向相关性，这一部分将与下一部分各地区发生民间借贷纠纷行业分布情况分析相结合进行分析。

在我们的预设中，人均可支配收入、人均GDP、城镇人口比例、城镇失业率可以反映一个地区的经济发展情况的因素，也可能与一个地区的案件发生数产生影响。但就结果来看，与我们的猜想不相符。对与我们猜想不相符的原因进行分析，从定义来看，人均GDP指的是一个地区经济在核算期内所有常住单位生产的最终产品的总量除以人口后得到的数量。根据实践，GDP常常用来反映数量增长的情况，却不能反映成本与效益，与地区总GDP能够侧面反映经济活动的活跃程度不同，人均GDP背后指代的意义本身较为模糊且受到很多与经济活动无关的因素的影响，因此我们认为人均GDP在结果上显示与案件发生数量无相关性也可以说得通。

从定义上来看，人均收入指的是居民在支付个人所得税、财产税及其他经常性转移支出后所余下的实际收入。一开始将人均可支配收入（元）纳入考虑范围是因为从一般认知的角度来思考，如果居民手中可供支配的收入越多，利用民间借贷这一渠道筹款的需求应该相对较小，由此产生的民间借贷纠纷应该就越少。但数据显示人均可支配收入（元）与民间借贷纠纷之间并无相关性。可能的原因如下：首先可支配收入是居民可用于最终消费支出和储蓄的总和，而借贷的一般用途除了生活维持的需要，还涉及大量的自然人之间或与非自然人（数据显示总案件中涉及非自然人的案件将近16 000件，占到案件总数的 1/4 左右)的商业往来，或借贷用于买房买车等大额支出等不同借贷原因的影响，就有可能对一开始所猜想的因果关系产生很大的影响。即借贷用途的多样化打破了我们一开始的预设，城镇人口比例、城镇失业率两个我们预设的因素也与案件发生数量无相关性，可能反映了各地区的城镇化进程的快慢并不会直接影响民间借贷活动的活跃与否。

三、民间借贷案件发生数量异常的地区分析

根据上文得出的一般规律，总 GDP(亿元)、地区常住人口数(百万)与案件发生数量具有正向相关性，即各地区总 GDP(亿元)越高，地区常住人口(百万)越多，这一地区民间借贷纠纷案件发生数量就越多。根据这一规律，我们将各地区案件发生的数量、地区常住人口数、地区总 GDP 三项数值进行排序，按照上述判断，案件发生数量与地区常住人口数，案件发生数量与地区总 GDP 两项分别的排名从高到低大体上应当是一致的。其中排名差值较大的地区我们标注其为异常地区，认为它们与一般规律不相符，即这个地区的案件发生数量受到其他因素的影响更大。结果如表 67：

表 67　总 GDP(亿元)、地区常住人口数(百万)与案件发生数量排名及位差

地 区	案件发生数排名	常住人口数排名	总 GDP 排名	排名差值（人口数）	排名差值（总 GDP）
河　南	1	3	5	−2	−4
广　东	2	1	1	1	1
江　苏	3	5	2	−2	1
山　东	4	2	3	2	1
福　建	5	15	10	−10	−5
浙　江	6	10	4	−4	2
四　川	7	4	6	3	1
新　疆	8	24	26	−16	−18
安　徽	9	8	13	1	−4
湖　北	10	9	7	1	3
湖　南	11	7	9	4	2
河　北	12	6	8	6	4
江　西	13	13	16	0	−3

续表

地　区	案件发生数排名	常住人口数排名	总GDP排名	排名差值（人口数）	排名差值（总GDP）
重　庆	14	20	17	−6	−3
陕　西	15	16	15	−1	0
辽　宁	16	14	14	2	2
云　南	17	12	20	5	−3
内　蒙	18	23	21	−5	−3
贵　州	19	19	25	0	−6
山　西	20	18	23	2	−3
广　西	21	11	19	10	2
吉　林	22	21	24	1	−2
北　京	23	26	12	−3	11
上　海	24	25	11	−1	13
黑龙江	25	17	22	8	3
甘　肃	26	22	27	4	−1
天　津	27	27	18	0	9
宁　夏	28	29	29	−1	−1
海　南	29	28	28	1	0
青　海	30	30	30	0	0
西　藏	31	31	31	0	0

首先我们先设定一个异常的标准，我们认为两项排名的差值绝对值均大于等于 5 的地区为较为异常的地区。可以得出以下几个地区较为异常：

福建省案件发生数排名全国第 5，但常住人口数量排全国第 15，总 GDP 值排全国第 10，差值分别为−10，−5。呈负位异常，表示福建省的民间借贷案件发生数量与其人口、总 GDP 相比较而言是比较多的。探究 2017 年福建省可能影响案件发生数量的其他因素，首先，福建省在 2016—2017 年间，银行信贷政策、政府政策都未发生很大的变化。在下文中，我们统计了各地区登记在案规范的小额信贷公司数量（数据来源：中国人民银行《2017 年小额贷款公司统计数据报告》），我们发现，总 GDP 排名全国第 10 的福建省到 2017 年底小额信贷公司数量仅仅 118 所，全国排名第 26 位，所以我们猜想，福建省相对于与它经济发展规模差不多的省份，规范的小额借贷公司数量反而较少，可能是导致福建省民间借贷纠纷较多的原因之一。规范的小额信贷公司内部往往建立了一套完善的信贷管理制度、贷前检查认定流程、信贷管理流程和贷后检查业务流程都较为规范，也可以有效规避纠纷的产生。

新疆维吾尔自治区案件发生数排名全国第8，但常住人口数量排全国第24，总 GDP 值排全国第26，差值分别为－16，－18。呈负位异常，表示新疆维吾尔自治区的民间借贷案件发生数量与其人口、GDP 总额相比较而言是比较多的。

在一审、二审数量比较中，我们也探究了为何新疆维吾尔自治区由中院一审的案件数量要远远超过全国其他地区，并且得知新疆的兵团法院的管辖范围较为特殊导致许多标的额较小的案件也是由中院审理的，但我们将这部分案件数量剔除之后再进行统计，新疆地区的案件发生数量排名大概在第 10 位，和其他地区常住人口排名、总 GDP 排名值相比，新疆地区的案件发生数量也异常多。所以我们也探究了为何民间借贷纠纷在新疆地区频发。

根据新疆人民政府的公示信息，我们得知，2017 年新疆针对银行信贷与民间借贷这一领域出台了新政，属于政策变化极大的一年。首先表现在人民政府办公厅发布了关于印发《新疆维吾尔自治区小额贷款公司管理暂行办法的通知》，其中对小额信贷公司的设立条件更加严格，同时也加强了对小额贷款公司的监督管理力度，成立了新疆维吾尔自治区小额贷款公司监督管理工作联席会议。且 2017 年度新疆的贷款需求呈现上升趋势，从具体数据上也可见一斑：2017 年末新疆金融机构（含外资）人民币各项贷款余额16 871 亿元，比上年增长 15.9％（数据来源于新疆 2017 年国民经济和社会发展统计公报）。2017 年三季度末，辖内小微企业贷款余额 3 432.80 亿元，同比增长 35.29％，高于同期各项贷款增速 19.91 个百分点；小微企业贷款户数 119 613 户，较同期增加 11 447 户；小微企业申贷获得率为 96.80％，高于上年同期水平 1.33 个百分点（数据来源于新疆银行业金融机构监管统计信息披露表）。

因此，对于新疆 2017 年民间借贷领域纠纷发生异常多，或许有政策的变化这一因素的影响，小额贷款公司本就是民间借贷一个重要渠道，银行为了吸收公众存款放宽信贷政策，这两个重要的借贷渠道在 2017 年同时发生了变化，以及也要求企业对坏账进行清理，对不规范的信贷案件进行清理，这些都势必会导致纠纷数量的增加。因此，2017 年新疆民间借贷案件数量可以由此进行解释。但这一解释还需要明年新的数据进行佐证，根据上述的猜想，改革已经进入平稳期的新疆维吾尔自治区在下两年度的案件数量应该有较为明显的下降趋势，希望 2018 年的数据可以验证这一猜想。

四、直辖市案件发生规律及影响因素

一般来说，直辖市具有相似的发展特点，人口多、城市大，在经济发展上享受更好的中央政策扶持和税收优惠，改革开放程度高，经济活力强。所以我们将四个直辖市的数据提取出来单独分析，探寻四个直辖市在案件发生数量上是否有相似的规律。从表 67 中，我们将四个直辖市单独提取出来，结果如表 68：

表 68　四大直辖市总 GDP(亿元)、地区常住人口数(百万)与案件发生数量排名及位差

直辖市	案件发生数排名	常住人口数排名	总 GDP 排名	排名位差（人口数）	排名位差（总 GDP）
北　京	23	26	12	−3	11
上　海	24	25	11	−1	13
重　庆	14	20	17	−6	−3
天　津	27	27	18	0	9

从表 68 中，我们也可以看出：北京市、上海市、天津市三个直辖市案件发生数与常住人口数、总 GDP 值的排名差值所呈现的结果具有一定的相似性。即与常住人口的排名差值都较小，也就是说从人口数上来说，北京市、上海市、天津市都符合上述的规律，但与总 GDP 值的排名差值却很大，且呈现正向异常，即虽然这三个直辖市的总 GDP 都比较靠前，经济活动频繁，但民间借贷纠纷却相比较而言比较少，至少在这一领域，北京市、上海市、天津市这三个城市诚信状况较好。与之相反的是重庆市，这两个排名差值均呈现负位异常，这一结果也一定程度上说明与其他三个直辖市相比，重庆市在民间借贷这一领域的诚信状况较差。四个直辖市的横向比较来看：我们得出的结论有北京市、上海市在民间借贷纠纷领域的诚信状况较好，天津市的诚信状况也较好，重庆市在民间借贷纠纷领域的诚信状况较差。

但所谓的诚信状况只是我们的主观猜测，为了探究可能影响到民间借贷纠纷发生的客观因素，首先我们查询了 2017 年四个直辖市网贷平台和小额信贷公司的规模（数据来源：央行《2017 年小额贷款公司统计数据报告》和《中国法律年鉴》），这样考虑的理由主要是网贷和小额信贷公司是民间借贷的两个主要渠道，但同时我们得到的数据都是正规手续设立的平台与公司，是设立手续完备、受到监管的平台。所以一个地区的正规网贷和小额信贷公司数量多，

可能带来正反两个方面的影响。从一方面来说,这些平台和企业的数量越多,民间借贷活动就越多,产生纠纷的可能性也就越大;但反过来从另一方面思考,这些较为正规和专业的平台因为本身具有一定的风险识别和控制能力,且受到有关部门的监管,借贷审核条件、放贷流程都更为规范,所以这些专业的放贷机构引发的纠纷占比反而应该比较少。结合前后的分析得到的结论来看,似乎第二种猜想比较准确。在此处也可用数据佐证,在将近7万总数的案件中,涉及小额贷款公司引发的民间借贷纠纷案件仅仅有539件(以判决书标题带有"小额贷款公司"字样为检索标准),涉及网络借贷平台的案件仅有25件(以判决书标题带有"网贷""借贷平台"字样为检索标准)。

综合看来,北京市、上海市虽然经济发达,经济活动频繁,但因为国家政策扶持等原因,民间借贷渠道较为规范,正规的公司与借贷平台较多,反而减少了民间借贷纠纷发生数量。

五、案件再审情况分析

根据表65统计的再审案件数量我们可以计算出各地区2017年度再审率,各地区再审率大小进行分段后,我们可以得到表69。再审是为纠正已经发生法律效力的错误判决、裁定,依照审判监督程序,对案件重新进行的审理。在一定程度上再审率也可以反映一个地区一段时间的法院审判质量。

表69　　　　　　　　　各地区案件再审率情况统计

地区	再审率 ≤0.01	地区	再审率 ≤0.02	地区	再审率 ≤0.03	地区	再审率 ≤0.04	地区	再审率 >0.04
陕 西	0.006	河 南	0.014	重 庆	0.021	浙 江	0.032	青 海	0.043
甘 肃	0.007	新 疆	0.015	西 藏	0.022	四 川	0.035	湖 南	0.059
云 南	0.008	北 京	0.015	宁 夏	0.024	山 东	0.035		
广 东	0.009	江 西	0.016	广 西	0.024	吉 林	0.036		
上 海	0.010	天 津	0.019	湖 北	0.025	内蒙古	0.038		
贵 州	0.010	山 西	0.020	河 北	0.025	黑龙江	0.039		
		安 徽	0.020	海 南	0.026				
				江 苏	0.027				
				福 建	0.028				
				辽 宁	0.030				

从表 69 可以看出,青海省和湖南省的再审率是全国最高的两个地区,也是两个再审率高于 0.04％的省市,而陕西省、甘肃省、云南省、广东省、上海市、贵州省属于再审率较低的地区。由于没有 2016 年的数据作为对比,这一结论具有偶然性,但也部分反映了 2017 年各地区中院及以上法院的案件审理质量,青海与湖南的审判中出现错案的情况较全国看较多。

六、各地区民间借贷纠纷案件开庭率情况

根据表 70 计算出各地的开庭率,并根据结果制作柱形图如图 43。由图 43 我们可以知道:全国各法庭普遍开庭率都偏高,其中开庭率高达 95％的地区有 21 个,90％及以上开庭率的地区有 26 个,开庭率在 90％的地区仅为 5 个,分别为甘肃(89％),河北(88％),浙江(78％),宁夏(72％),天津(55％)。

表 70 各地区民间借贷纠纷案件开庭情况统计

地 区	案件总数	开庭案件数	地 区	案件总数	开庭案件数
安 徽	2 666	2 442	辽 宁	1 847	1 817
北 京	1 315	1 312	内蒙古	1 785	1 772
福 建	3 610	3 474	宁 夏	638	460
甘 肃	893	798	青 海	138	134
广 东	5 363	5 284	山 东	4 121	3 719
广 西	1 427	1 411	山 西	1 481	1 462
贵 州	1 549	1 525	陕 西	1 859	1 824
海 南	151	136	上 海	1 259	1 225
河 北	2 199	1 931	四 川	3 303	3 220
河 南	8 073	8 031	天 津	683	373
黑龙江	1 246	1 226	西 藏	45	44
湖 北	2 297	2 139	新 疆	2 899	2 873
湖 南	2 274	2 133	云 南	1 827	1 770
吉 林	1 391	1 377	浙 江	3 509	2 751
江 苏	5 229	5 126	重 庆	1 878	1 860
江 西	2 070	1 980			

而天津市的开庭率为何明显低于全国其他地区,通过对天津市未开庭的案件判决书中的关键字进行检索的方式,我们认为可能原因如下:天津市大

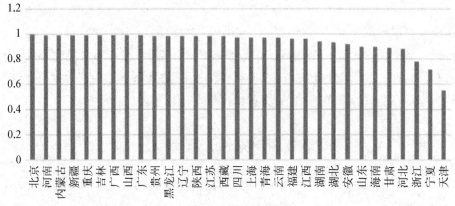

图 43　各地区民间借贷纠纷案件开庭率柱形图

部分上诉的案件都属于一审对案件事实的审理清晰，且上诉人上诉时都没有提出新证据，这部分案件数量高达 200 多件，可能在程序上，天津市这几个中院对于一审无明显错误，又无新证据提出的案件一般选择不开庭审理，剔除了这 200 多件案件后，天津市的开庭率就趋近于全国平均水平。

第二节　民间借贷纠纷案件代理情况

统计案件代理率有利于我们了解各地区民间借贷领域当事人参与诉讼的特点，案件代理率还可以与各地区的案件胜诉率相结合进行分析，案件有无代理是否会对案件胜诉与否产生影响等问题可以通过这部分分析得到解答。

一、民间借贷领域各地区案件代理情况统计

表 71 统计了各地区的案件总数、攻守各方各自聘请律师的案件数、攻守双方同时都聘请了律师的案件数以及攻守各方聘请的律师为本地律所所聘请（即本地律师）的案件数。根据表 71 可以发现，一是大多数在中院、高院审理的案件当事人都更倾向于将案件委托给律师进行代理；二是各地区攻方律师代理率都要高于守方律师代理率，也就是说民间借贷纠纷案件中攻方请律师代理的意愿要高于守方。这一结果并没有超出我们的预期，一方面因为在诉讼中攻方属于诉讼提起者，参与诉讼的态度本就比较积极，在民间借贷纠纷案

件中,也常出现守方缺席判决,消极应诉的情况。另一方面,到达中院、高院审理的上诉案件往往也要求攻方提供新证据或新理由,对程序的提起要求也更高。所以一般来说,攻方请律师代理的意愿要高于守方。

表 71　　　　　　　民间借贷领域各地区案件代理情况统计

地　区	案件总数	攻方有律师	攻方有本地律师	守方有律师	守方有本地律师	攻守同时有律师
安　徽	2 666	2 031	1 827	1 833	1 714	1 469
北　京	1 315	874	767	784	701	585
福　建	3 610	2 652	2 410	2 251	2 072	1 800
甘　肃	893	519	498	397	385	289
广　东	5 363	4 192	3 825	3 626	3 364	2 976
广　西	1 427	1 082	1 044	918	879	742
贵　州	1 549	871	813	651	617	466
海　南	151	101	85	82	73	61
河　北	2 199	1 526	1 376	1 317	1 243	1 031
河　南	8 073	5 864	5 634	5 061	4 888	3 962
黑龙江	1 246	775	703	597	567	455
湖　北	2 297	1 674	1 572	1 533	1 474	1 200
湖　南	2 274	1 617	1 504	1 360	1 312	1 067
吉　林	1 391	900	832	708	666	539
江　苏	5 229	4 013	3 643	3 588	3 334	2 886
江　西	2 070	1 483	1 326	1 165	1 086	913
辽　宁	1 847	1 200	1 087	988	921	766
内蒙古	1 785	1 063	973	905	857	641
宁　夏	638	438	389	330	290	259
青　海	138	96	85	63	54	50
山　东	4 121	3 228	3 001	2 868	2 742	2 351
山　西	1 481	1 000	928	789	746	600
陕　西	1 859	1 098	1 029	876	824	650
上　海	1 259	989	854	855	760	700
四　川	3 303	2 637	2 298	2 236	2 085	1 900
天　津	683	514	430	437	380	355
西　藏	45	37	24	19	13	18

续表

地 区	案件总数	攻方有律师	攻方有本地律师	守方有律师	守方有本地律师	攻守同时有律师
新 疆	2 899	1 582	968	692	594	523
云 南	1 827	1 310	1 193	1 029	914	835
浙 江	3 509	2 605	2 291	2 370	2 216	1 870
重 庆	1 878	1 469	1 298	1 313	1 222	1 089

统计这一数据的另一目的是可以直观地观察我国各地民间借贷纠纷案件的律师参与率水平如何。由于各地的案件总数受到多重因素的影响，为了更好地回答第一个问题，我们对表71的数据进行进一步的处理，将其转化为律师（本地律师）参与率，并对其比率进行排序。结果如表72所示，对表72中的数据进行描述，攻方的律师参与率要普遍高于守方律师参与率，但总体来看，攻方的律师参与率排名越高，守方的律师参与率排名也就越高，攻方的律师参与率排名越低，守方的律师参与率排名也就越低；各地区案件当事人都偏向于请本地律所的律师作为自己的代理人。其中西藏、新疆等案件总数较少的地区呈现出来的案件代理情况与一般规律相差较大。

表 72　　　　　攻守双方律师参与率、本地律师参与率及排名

地 区	攻方律师参与率	攻方律师参与率排名	守方律师参与率	守方律师参与率排名	攻方本地律师参与率	攻方本地律师参与率排名	守方本地律师参与率	守方本地律师参与率排名
西 藏	0.82	1	0.42	29	0.65	13	0.68	11
四 川	0.80	2	0.68	6	0.87	9	0.93	5
上 海	0.79	3	0.68	5	0.86	10	0.89	7
山 东	0.78	4	0.70	2	0.93	3	0.96	2
重 庆	0.78	5	0.70	1	0.88	8	0.93	5
广 东	0.78	6	0.68	7	0.91	5	0.93	5
江 苏	0.77	7	0.69	4	0.91	5	0.93	5
安 徽	0.76	8	0.69	3	0.90	6	0.94	4
广 西	0.76	9	0.64	10	0.96	1	0.96	2
天 津	0.75	10	0.64	11	0.84	12	0.87	9
浙 江	0.74	11	0.68	8	0.88	8	0.94	4

地　区	攻方律师参与率	攻方律师参与率排名	守方律师参与率	守方律师参与率排名	攻方本地律师参与率	攻方本地律师参与率排名	守方本地律师参与率	守方本地律师参与率排名
福　建	0.73	12	0.62	13	0.91	5	0.92	6
湖　北	0.73	13	0.67	9	0.94	2	0.96	2
河　南	0.73	14	0.63	12	0.96	1	0.97	1
云　南	0.72	15	0.56	17	0.91	5	0.89	7
江　西	0.72	16	0.56	18	0.89	7	0.93	5
湖　南	0.71	17	0.60	15	0.93	3	0.96	2
青　海	0.70	18	0.46	27	0.89	7	0.86	10
河　北	0.69	19	0.60	14	0.90	6	0.94	4
宁　夏	0.69	20	0.52	22	0.89	7	0.88	8
山　西	0.68	21	0.53	21	0.93	3	0.95	3
海　南	0.67	22	0.54	19	0.84	11	0.89	7
北　京	0.66	23	0.60	16	0.88	8	0.89	7
辽　宁	0.65	24	0.53	20	0.91	5	0.93	5
吉　林	0.65	25	0.51	23	0.92	4	0.94	4
黑龙江	0.62	26	0.48	25	0.91	5	0.95	3
内蒙古	0.60	27	0.51	24	0.92	4	0.95	3
陕　西	0.59	28	0.47	26	0.94	2	0.94	4
甘　肃	0.58	29	0.44	28	0.96	1	0.97	1
贵　州	0.56	30	0.42	30	0.93	3	0.95	3
新　疆	0.55	31	0.24	31	0.61	14	0.86	10

二、各地区律师代理率分布规律与影响因素

我们预设各地区攻守双方的律师参与率应该是正相关关系，因为一般来说，案件的标的额大小、案情复杂程度、取证难度都可能影响到当事人聘请律师做代理的意愿，这一影响应该是对双方都成立的。为了验证我们的猜想正确与否，我们对各地区攻方律师参与率与守方律师参与率这两个变量进行皮尔逊相关性分析，得出如下结论：攻方律师参与率与守方律师参与率从统计学意义上来说具有显著相关性，$P=0.000<0.001$，$r=0.762$，呈中度正向相关。

即每个地区,攻方律师参与率高,守方律师参与率也会高;攻方律师参与率低,守方律师参与率也会低。这一结论也与一般认知较为相符,对手对案件的重视度、案件本身的难度、标的额的大小、案件审期的长短都有可能影响当事人请律师做代理人的意愿,所以双方当事人请律师做代理人的意向应当具有正向的相关性。

那么影响攻守双方的律师参与率的客观因素又有哪些呢?或许一个地区经济越发达,群众受教育程度越高,诉讼双方聘请律师的意愿就可能会更高。结合上文曾经做过的相关性分析,我们又对攻守双方的律师参与率与地区总GDP值(亿元),常住人口数(百万)两个变量进行了皮尔逊相关性分析,得出的结论如下:攻方的律师参与率与地区总GDP、常住人口数量均具有统计学意义上的相关性,与百万人口数之间 $p=0.039>0.01$,$r=0.373$,呈中度正向相关;与总GDP值之间 $p=0.010$,$r=0.455$,呈中度正向相关。守方的律师参与率与地区总GDP、常住人口数量均具有统计学意义上显著相关性,与百万人口数之间 $p=0.001<0.01$,$r=0.566$,呈中度正向相关;与总GDP值之间 $p=0.000<0.01$,$r=0.634$,呈中度正向相关。且从 r 值来看,守方的律师参与率与两个因素之间的相关性均高于攻方的律师参与率与两个因素之间的相关性。

我们对表72前四列的数值进行了横向比较,根据上文得出的规律,攻守双方的律师代理率排名应该大致上是一致的,结果也确实如此,排名差值绝对值基本上都小于5。但唯一一个结果较为异常的地区就是西藏,其攻方律师参与率为0.82,全国排名第一,但守方律师参与率只有0.42,全国排名第二十九,差值高达28。但由于西藏地区的案件总量较少只有45件,且对每个案件单独研究,并无明显的特殊之处与相似规律,无上一年的数据进行比较研究,所以这一结果可能只是由于数据总量过少导致的偏差。

除了上述所说的两个因素外,我们预期中各地区的人口受教育水平可能也与律师参与率具有相关性。如果受教育水平越高的人,可能对待诉讼的态度会更加慎重,会更加积极寻求专业人士的帮助,所以我们对攻守双方分别的律师参与率与2017年分地区的15岁以上文盲人口比例两个变量进行了相关性分析,得出的结果如下:攻守双方分别的律师参与率与2017年分地区的15岁以上文盲人口比例(即各地区的人口受教育水平)之间并没有统计学意义上的相关性。这一结果推翻了我们之前的假设,或许是因为,首先,我们无法确定单独的地区的案件双方当事人的学历水平,各地区的总体的人口受教育水平并不能反映一年度参与诉讼的当事人的真实的学历水平。其次,诉讼参与者在考虑是否请律师代理时最主要的考虑因素还是具体案件的举证难度、争议焦点、诉讼流程等因素，与各地区的人口受教育水平并无直接关系。

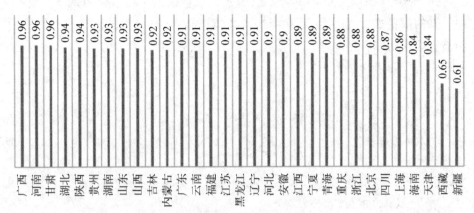

图44　攻方本地律师参与率

图45　守方本地律师参与率

　　上图44、图45是根据表72所列攻守双方本地律师参与率所制作的柱形图，从中我们可以看出攻守双方本地律师参与率均很高，攻方本地律师参与率在90％以上的有19个地区，守方本地律师参与率90％以上有22个地区。根据结果，我们可以推断出攻守双方在诉讼时，在律师选择上都更偏向于在法院辖区范围内选择。

　　在排除了样本总数过少的西藏自治区后，我们发现新疆的攻守双方选择本地律师的比例与一般的规律不一致，较为异常，新疆的案件总量1 582件，但攻方本地律师参与率仅有61％，排全国倒数第一。所以我们对新疆由外地律所代理的案件进行了整理,得出如下数据:由北京市律所代理的案件共有 75 件,由广东省律所代理的案件高达 516 件,剩余由非新疆本地律所律师代理的案件也分布在湖南省、上海市等地区,但案件数量仅为个位数。但是从判决书中可知的信息来看,我们不可知当事人具体的籍贯,根据法院的管辖权范围,由被告所在地或者合同履行地法院管辖,所以可能 2017 年新疆维吾尔自治区和广东省民商事交流较为频繁。

第三节 民间借贷纠纷案件攻方非自然人的行业分布情况

一、数据描述

2017 年民间借贷纠纷案件攻方为非自然人的案件共计 8 391 件,其中房地产领域共计 1 757 件;建筑业共计 1 383 件;金融业共计 351 件;居民服务、修理和其他服务业共计 87 件(这一行业分类下多个地区案件数量为 0,数据量过小,研究意义不大);制造业共计 693 件;租赁和商品服务业共计 931 件(比值大约为 5∶4∶1∶2∶2.7)。

攻方为自然人的案件共计 9 952 件,其中房地产领域共计 1 630 件;建筑业共计 1 218 件;金融业共计 726 件;居民服务、修理和其他服务业共计 105 件(这一行业分类下多个地域案件数量为 0,数据量过小,研究意义不大);制造业共计 976 件;租赁和商品服务业共计 1 525 件。

其中由于很多案件中一方当事人为多数时,出现了多个公司的名字,在统计时,行业的区分又是根据企业名字中的关键字提取来进行分类,所以可能一个案件中就涉及了多个行业,所以上述分行业的统计数据相加数值会大于非自然人案件总数。

根据表 73,攻方为非自然人案件数量的分布无明显的地域分布规律,但可以看出民间借贷纠纷案件中还是当事人为自然人的案件占比多。民间借贷案件中非自然人占比多的地区有河南省、四川省、江苏省、山东省、广东省,都属于人口密度大,案件发生总数也很多的地区。我们对各地区案件总数和非自然人案件总数做了相关性分析,得出的结果如下:各地区案件总数和非自然人案件总数具有统计学意义上及其显著的相关性,P 值=0.00<0.01,r 值=

0.889，即各地区案件总数和非自然人案件总数呈高度正向相关。一般来说，各地区案件总数越高，非自然人案件总数也越多。所以仅从案件多少来观察，并没法发现有无其他因素影响非自然人案件的数量，所以下面我们具体对每个行业进行分析。

表 73　　2017 年各地区民间借贷纠纷案件攻方为非自然人案件发生情况统计

地　区	案件总数	攻方非自然人案件总数	非自然人案件数量所占比例	非自然案件总数排名
安　徽	2 666	346	0.13	8
北　京	1 315	189	0.14	17
福　建	3 610	229	0.06	14
甘　肃	893	92	0.10	26
广　东	5 363	400	0.07	5
广　西	1 427	153	0.11	23
贵　州	1 549	207	0.13	16
海　南	151	15	0.10	30
河　北	2 199	327	0.15	10
河　南	8 073	1 061	0.13	1
黑龙江	1 246	123	0.10	25
湖　北	2 297	353	0.15	7
湖　南	2 274	331	0.15	9
吉　林	1 391	166	0.12	21
江　苏	5 229	597	0.11	3
江　西	2 070	316	0.15	12
辽　宁	1 847	175	0.09	19
内蒙古	1 785	158	0.09	22
宁　夏	638	66	0.10	28
青　海	138	30	0.22	29
山　东	4 121	577	0.14	4
山　西	1 481	208	0.14	15
陕　西	1 859	184	0.10	18
上　海	1 259	148	0.12	24
四　川	3 303	715	0.22	2
天　津	683	88	0.13	27

续表

地 区	案件总数	攻方非自然人案件总数	非自然人案件数量所占比例	非自然案件总数排名
西 藏	45	8	0.18	31
新 疆	2 899	169	0.06	20
云 南	1 827	244	0.13	13
浙 江	3 509	319	0.09	11
重 庆	1 878	376	0.20	6

二、非自然人案件行业分布情况

图 46、47、48 和表 74,是根据各行业攻方案件发生数量在 31 个地区中的排名情况制作的柱形图。

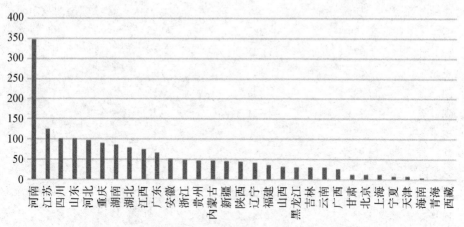

图 46 2017 年房地产领域各地区攻方案件发生情况统计

如图 46 所示,房地产领域案件发生数量最多的五个地区分别为河南省、江苏省、四川省、山东省、河北省;发生数量最少的五个地区分别为西藏自治区、青海省、海南省、宁夏回族自治区、天津市。

河南省房地产领域案件发生数量高达 348 件。当然,河南省民间借贷纠纷案件总数就要远远高于其他地区且非自然人案件占比也排名全国第一。所以从案件发生总数量来看,案件总数排名第一的河南省房地产行业发生的案件数量也应当最多。但从其内部比例来说,河南省案件发生数房地产领域有 348 件,制造业 94 件,建筑业 86 件,金融业 21 件。比值大约为 16.5∶4.5∶4∶1,与上文和各行业案件总数比值相比,河南省 2017 年度民间借贷领域的非自然人案件在房地产领域发生的案件数量异常的多。

我们认为 2017 年河南省房地产行业案件数量异常多的原因可能如下∶根据河南省统计局《2017—2018 年河南省房地产开发业形势分析与展望》,"2017 年河南省商品房销售处于低迷后的上升阶段,2016 年起,省内多地实施了购房补贴优惠政策,购房需求有效激活,县域房地产市场逐渐复苏。2017 年,全省县市商品房销售 6 961.08 万平方米,比上年增长 23.4%,增速比全省平均水平高 5.6 个百分点,待售面积 1 811.03 万平方米,比上年减少 16.0%。"也就是说,2016 年开始,河南省政府出台了各项去库存政策刺激人们的购房需求,且效果较为显著,市场交易量大幅上升。房地产交易量的增加,导致纠纷发生的可能性增加。

根据图 47 依照攻方非自然人属于金融业案件数量各地区排名所制作柱形图,可以看出金融业发生案件最多的五个地区是云南、贵州、甘肃(西北)、新疆(西北)、河南。这与一般的认识似乎有出入,因为这部分地区既不是案件发生数量多的几个地区,与案件总数排名不相符,也并不属于一般人们所认知的金融行业发达的地区。

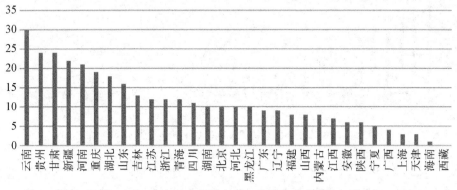

图 47 2017 年金融业领域各地区攻方案件发生情况统计

需说明的是,选取涉及金融行业案件的条件是攻方为"小额贷款公司""担保公司""典当责任有限公司""投资公司""银行有限责任公司""融资担保公司"。根据前文分析,在北京、上海等金融业发展起步较早的城市,虽然行业发达,民间借贷公司数量多,但反方面来说,也意味着民间借贷渠道较为规范,正规的公司与借贷平台较多,反而这一领域引起的纠纷会较少,前文也论证了这一观点。

对于排名第一的云南省,我们也对其 2017 年的民间借贷情况进行了研究,数据表明从 2014 年至 2017 年,云南省民间借贷纠纷数量呈现逐年上升趋势,年均增长 171%,是全国年均增长率的 3.42 倍;且云南省民间借贷案件数量占全国民间借贷案件数量的比例逐年增加,一定程度上说明云南省民间借贷活动比全国平均水平更为活跃。也就是说,云南省的贷款需求大,但云南省内规范的小额贷款公司数量排名则属于中间靠后的水平,云南省内民间借贷的规范平台在数量上较其他地区较少。所以这可能是云南省民间借贷纠纷多的原因之一。另外金融业案件最多的地区前五名集中分布在西部地区,与东南沿海地区相比较而言,西部地区的金融业并没有那么发达,对民间借贷的渠道的监管与规制起步较晚,所以案件发生数量也相对较多。

根据图 48 依照攻方非自然人属于建筑业案件数量各地区排名所制作柱形图,可以看出建筑业发生案件最多的五个地区是四川、江苏、重庆、安徽、河南;发生案件最少的五个地区是西藏、海南、青海、天津、宁夏。

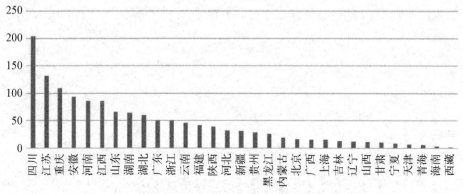

图 48　2017 年建筑业领域各地区攻方案件发生情况统计

如表 74 所示,对各地区案件发生总数和房地产领域、建筑业、制造业、租赁和商品服务业四个领域案件发生数量分别做了相关性分析。结果也符合一般的推论,四个领域的各地区案件数与各地区案件总数均具有统计学上显著相关性,四个领域案件数量与案件总数之间的 P 值=0.000<0.001,房地产业的案件发生数量与案件发生总数之间 r 值=0.846>0.8,呈高度正向相关性,建筑业的案件发生数量与案件发生总数之间 r 值=0.576>0.3,呈现中度正向相关,制造业的案件发生数量与案件发生总数之间 r 值=0.854>0.8,呈高度

正向相关性，租赁和商品服务业的案件发生数量与案件发生总数之间 r 值＝
0.687＞0.3，呈现中度正向相关，换言之，各地区的案件总数越多，非自然人分
行业案件总数也就越多。

表 74　　　2017 年各地区案件总数与不同领域案件发生数相关性分析

		房地产	建筑业	制造业	租赁和商品服务业
案件总数	P 值	0.000	0.000	0.000	0.000
	R 值	0.846	0.576	0.854	0.687

　　从案件发生数与案件总数呈正向相关这一关系来看，四川省民间借贷纠
纷案件排名第七，但建筑业案件发生数量排名第一，呈现负位异常。

　　具体分析四川省非自然人行业分布的特点，四川省 2017 年攻方为非自然人
的案件共有 599 件，其中房地产业共 102 件，建筑行业共有 204 件，制造业共 40
件，金融业共 11 件。无论从与案件发生总数的位差异常还是与一般各行业发生
的案件数比值来看，四川省非自然人发生的民间借贷纠纷案件多集中于建筑公
司，且数量较多。为了探究案件上诉的原因，在对这一部分的判决书做出梳理
后，可以发现，建筑公司产生纠纷的源头除了工程款拖欠而导致的纠纷，这一部
分纠纷的焦点也多见为借款人代理资格、对外担保资格有无的争议。

　　根据图 49 依照攻方非自然人属于租赁和商品服务业案件数量各地区排
名所制作柱形图，可以看出租赁和商品服务业发生案件最多的五个地区是四
川、河南、广东、江苏、云南；发生案件最少的五个地区是西藏、海南、青海、天
津、宁夏。

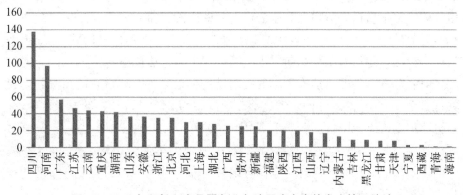

图 49　2017 年租赁和商品服务业各地区攻方案件发生情况统计

结合上文分析,我们可以发现四川省攻方为非自然人的案件的行业分布与一般规律有所不同。为了直观观察四川地区各行业的案件分布,图50(全国攻方非自然人行业分布)与图51(四川攻方非自然人行业分布)进行对比。

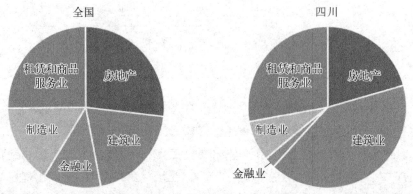

图50 2017年全国攻方为非自然人行业分布　图51 2017年四川攻方为非自然人行业分布

对比图50与图51,可以看出全国非自然人案件各行业分布情况如下:除金融业发生的案件数量较少,房地产业、建筑业、制造业、租赁和商品服务业发生的案件数量分布较为均衡。但四川省攻方为非自然人的案件的行业分布图显示,四川省的建筑业的民间借贷纠纷案件数量占比远远大于全国其他地区,在建筑行业那一部分也提到了这一点,根据图48和图49,四川省建筑业以及租赁和商品服务业的非自然人民间借贷案件数是最多的,其数量与案件发生总数相比,数量也较一般水平要高。根据筛选条件,四川省的2017年攻方为非自然人的民间借贷纠纷案件在租赁和商品服务业的案件共计128件,其中由绵阳市银信盛世融资担保有限公司发起的民间借贷纠纷就高达74件,占了总案件数的一半。这74件案件属于多数人之诉中的普通的共同诉讼,绵阳市银信盛世融资担保有限公司向二审法院撤回上诉。去除这部分共同诉讼的案件,四川省2017年非自然人提起的民间借贷诉讼案件在租赁和商品服务业的案件数量仅剩74件。将四川省这部分数据改为74件后,从案件数量排名,总数据比值上来看,都趋向正常,正是因为2017年四川地区发生了一起普通共同诉讼的案子,当事人较多,所以导致这一领域的案件数量较多,去除这一因素的影响,我们可以得出结论,全国各地区的非自然人案件的行业分布都具有较为一致的分布规律。

第四节　各地区案件一审、二审
获赔率情况统计及分析

一、数据统计

下表75,整理了各地区中院及以上层级的法院审理的案件中涉及借款偿还的案件数量,分为四个栏位,虽然样本中的大部分的案件都属于二审、再审的案件,但在原告诉请金额大于0这一栏位统计了中级及以上层级法院受理的案件中一审就涉及借款偿还的案件数量;一审判决结果大于0统计了在一审中法院判决就支持或部分支持了原告诉讼请求的案件数量。第三个栏位统计了原本一审的判决金额为0,即法院在一审中并没有支持原告诉请,但二审改判后法院要求偿还借款的案件数量。并据此分别计算了各地区的一审获赔率和二审获赔率。并对各地区一审、二审获赔率高低进行了排名。

表 75　　　　各地区中院及以上层级的法院审理的案件中涉及
借款偿还的案件数量统计及一审、二审获赔率

地　区	案件总数	原告诉请金额>0	一审判决结果金额>0	一审判决金额为0,二审改判	二审获赔率	一审获赔率
西　藏	45	33	27	4	0.121	0.82
青　海	138	102	82	11	0.108	0.80
福　建	3 610	2 839	2 427	284	0.100	0.85
广　东	5 363	3 440	2 545	304	0.088	0.74
四　川	3 303	2 410	1 774	199	0.083	0.74
宁　夏	638	511	417	42	0.082	0.82
云　南	1 827	1 280	1 103	99	0.077	0.86
重　庆	1 878	1 623	1 148	125	0.077	0.71
天　津	683	498	386	37	0.074	0.78
甘　肃	893	745	618	55	0.074	0.83
湖　南	2 274	1 735	1 373	124	0.071	0.79
吉　林	1 391	1 107	908	79	0.071	0.82
辽　宁	1 847	1 403	1 128	98	0.070	0.80

续表

地 区	案件总数	原告诉请金额>0	一审判决结果金额>0	一审判决金额为0,二审改判	二审获赔率	一审获赔率
安 徽	2 666	1 956	1 528	134	0.069	0.78
海 南	151	118	93	8	0.068	0.79
江 苏	5 229	4 315	3 301	277	0.064	0.77
广 西	1 427	985	775	63	0.064	0.79
江 西	2 070	1 458	1 209	91	0.062	0.83
湖 北	2 297	1 830	1 453	113	0.062	0.79
山 东	4 121	3 339	2 646	204	0.061	0.79
贵 州	1 549	1 195	1 007	73	0.061	0.84
黑龙江	1 246	982	830	56	0.057	0.85
河 北	2 199	1 801	1 489	99	0.055	0.83
浙 江	3 509	2 263	1 975	122	0.054	0.87
山 西	1 481	880	750	44	0.050	0.85
上 海	1 259	948	808	43	0.045	0.85
内蒙古	1 785	1 444	1 212	57	0.039	0.84
陕 西	1 859	954	827	37	0.039	0.87
河 南	8 073	6 134	5 368	237	0.039	0.88
北 京	1 315	909	591	35	0.039	0.65
新 疆	2 899	2 222	2 065	56	0.025	0.93

根据表75数据,可以看出各地区的一审获赔率都要远远高于二审获赔率,且各地区的一审获赔率都较高,除北京市外都超过70%。可能的原因如下:二审除了有新证据或者一审的事实认定、程序确实有错误,否则改判的可能性也不是很大。自然一审的获赔率要远远高于二审获赔率,且民间借贷纠纷往往都有债权人积极提起诉讼,只要手中证据充分,法官往往会支持其诉讼请求,从这一角度来看,一审原告获赔率(获胜率)应当较高。

二、各地区获赔率比较

图52、图53直观地体现了全国各地一审、二审获赔率高低排名情况。据图可知,全国一审获赔率超过90%的地区仅有一个,为新疆维吾尔自治区

（西北）。一审获赔率超过（并包括）85％的地区有 8 个，分别为：河南省（华中）、浙江省（华东）、陕西省（西北）、云南省（西南）、福建省（华东）、上海市（华东）、山西省（华北）、黑龙江省（东北），一审获赔率高的地区整体看来，地域偏向性并不大。一审获赔率较低的地区有北京市（华北）、重庆市（西南）、四川省（西南）、广东省（华南）、江苏省（华东）。一审获赔率低的地区整体看来，南方地区较多。二审获赔率超过 0.1％的地区全国仅有三个，依次为西藏自治区、青海省、福建省；二审获赔率低于 0.04％的地区属于二审获赔率较低的地区，全国共有 5 个，依次为内蒙古自治区、陕西省、河南省、北京市、新疆维吾尔自治区。

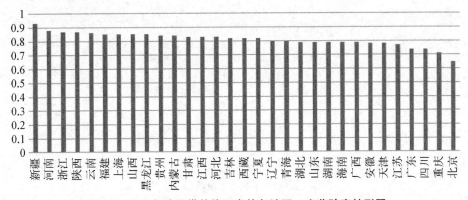

图52　2017 年涉及借款偿还案件各地区一审获赔率柱形图

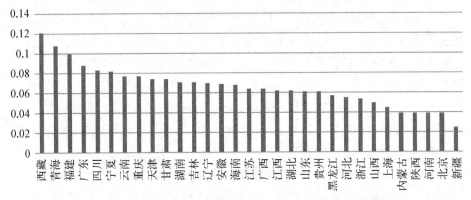

图53　2017 年涉及借款偿还案件各地区二审获赔率柱形图

为了更加直观地观察一审获赔率与二审获赔率之间有无联系或相关性，根据图 52 中一审获赔率的排名制作了如图 54 折线图，根据图 54 中代

表二审获赔率的点的分布来看,各地区的二审获赔率大致上与一审获赔率成反比。一方面二审获赔率在表中以二审改判的结果来体现,一般来说,没有新证据或者一审中出现误判、适用法律错误的情况下,二审很难改判。所以一审中已经得到法官支持的还款请求的案件一般事实清晰、证据充分,二审提起意愿低,找到新证据二审改判难。所以一审获赔率低的地区二审获赔率高、一审获赔率高的地区一般二审获赔率低。图54体现的规律也符合我们的一般认识。

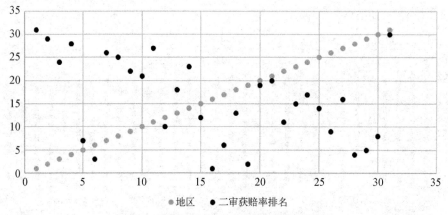

图54 获赔率一审与二审改判排名比较

在上述规律的前提下,我们可以从表76中的差值排名这一列中发现一些不符合规律的异常地区。其中一审获赔率和二审获赔率都很高的地区分别是云南省(一审获赔率在全国排第五,二审获赔率在全国排第七)、福建省(一审获赔率在全国排第六,二审获赔率在全国排第三)。一审获赔率和二审获赔率都很低的地区最为明显的就是北京市,我们可以看出北京市的一审获赔率与二审获赔率都很低,一审获赔率全国各地区排倒数第一,二审获赔率全国各地区中排倒数第二。通过对北京市2017年民间借贷纠纷案件判决书的研究,我们暂时无法发现一审获赔率低的原因,但很大可能是由于案件本身的案情决定的获赔率低,因为上文中我们也未发现能够影响案件获赔率的客观因素。但从判决书中我们发现,2017年北京市的民间借贷纠纷二审中有将近2/3的案件并无发现新证据,并未推翻一审认定的事实,所以二审结果为改判的案件并不多,自然二审获赔率也很低。

表76　　　　　　　　　　　原告一审、二审获赔率排名及位差

地　区	原告获赔率排名	二审获赔率排名	位差	地　区	原告获赔率排名	二审获赔率排名	位差
新　疆	1	31	31	宁　夏	17	6	−11
河　南	2	29	27	辽　宁	18	13	−5
浙　江	3	24	21	青　海	19	2	−17
陕　西	4	28	24	湖　北	20	19	−1
云　南	5	7	2	山　东	21	20	−1
福　建	6	3	−3	湖　南	22	11	−11
上　海	7	26	19	海　南	23	15	−8
山　西	8	25	17	广　西	24	17	−7
黑龙江	9	22	13	安　徽	25	14	−11
贵　州	10	21	11	天　津	26	9	−17
内蒙古	11	27	16	江　苏	27	16	−11
甘　肃	12	10	−2	广　东	28	4	−24
江　西	13	18	5	四　川	29	5	−24
河　北	14	23	9	重　庆	30	8	−22
吉　林	15	12	−3	北　京	31	30	1
西　藏	16	1	−15				

三、获赔率影响因素分析

通过相关性分析，一审获赔率高低与中级及以上层级法院受理的案件中一审就涉及借款偿还的案件数量高低并无相关性，代表各地一审获赔率也即法院是否支持原告诉请的影响因素很多。我们首先想到的是各地区的律师参与率高低是否会影响到案件获赔率，为了更准确地验证这一猜想，我们对各地区的一审获赔率与一审涉及借款偿还的案件的律师代理率做相关性分析，基础数据统计如下表77。

表77　　　　　　　　各地区攻方获赔率及律师参与率情况统计

地　区	一审获赔率	二审获赔率	攻方有代理的比例	守方有代理的比例	守方代理为本地代理的比率	攻方代理为本地代理的比率
新　疆	0.93	0.025	0.55	0.24	0.86	0.61
北　京	0.65	0.039	0.66	0.60	0.89	0.88

续表

地 区	一审获赔率	二审获赔率	攻方有代理的比例	守方有代理的比例	守方代理为本地代理的比率	攻方代理为本地代理的比率
河 南	0.88	0.039	0.73	0.63	0.97	0.96
陕 西	0.87	0.039	0.59	0.47	0.94	0.94
内蒙古	0.84	0.039	0.60	0.51	0.95	0.92
上 海	0.85	0.045	0.79	0.68	0.89	0.86
山 西	0.85	0.050	0.68	0.53	0.95	0.93
浙 江	0.87	0.054	0.74	0.68	0.94	0.88
河 北	0.83	0.055	0.69	0.60	0.94	0.90
黑龙江	0.85	0.057	0.62	0.48	0.95	0.91
贵 州	0.84	0.061	0.56	0.42	0.95	0.93
山 东	0.79	0.061	0.78	0.70	0.96	0.93
湖 北	0.79	0.062	0.73	0.67	0.96	0.94
江 西	0.83	0.062	0.72	0.56	0.93	0.89
广 西	0.79	0.064	0.76	0.64	0.96	0.96
江 苏	0.77	0.064	0.77	0.69	0.93	0.91
海 南	0.79	0.068	0.67	0.54	0.89	0.84
安 徽	0.78	0.069	0.76	0.69	0.94	0.90
辽 宁	0.80	0.070	0.65	0.53	0.93	0.91
吉 林	0.82	0.071	0.65	0.51	0.94	0.92
湖 南	0.79	0.071	0.71	0.60	0.96	0.93
甘 肃	0.83	0.074	0.58	0.44	0.97	0.96
天 津	0.78	0.074	0.75	0.64	0.87	0.84
重 庆	0.71	0.077	0.78	0.70	0.93	0.88
云 南	0.86	0.077	0.72	0.56	0.89	0.91
宁 夏	0.82	0.082	0.69	0.52	0.88	0.89
四 川	0.74	0.083	0.80	0.68	0.93	0.87
广 东	0.74	0.088	0.78	0.68	0.93	0.91
福 建	0.85	0.100	0.73	0.62	0.92	0.91
青 海	0.80	0.108	0.70	0.46	0.86	0.89
西 藏	0.82	0.121	0.82	0.42	0.68	0.65

根据表77对各地区一审获赔率、二审获赔率与各地区攻守双方律师参与率、本地律师参与率做相关性分析,得出结果如下:各地区的一审获赔率、二

审获赔率与律师代理率并无统计学上相关性。根据一开始的预判，有具有专业知识的律师参与代理的案件获赔应该更容易一些，表现在结果上应该是律师代理率越高的地区，案件获赔率应该就越高。但结果显示律师代理率与各地区一审获赔率、二审获赔率并无相关性。或许案件获赔与否的关键还是在于案件证据是否充分与个案案件事实相符，具有专业知识的律师的介入也不会使判决结果超越案件事实的范围。

结合上文中对一审、二审获赔率规律的总结与分析，我们可以推断，或许各地区的案件审判结果还是受到具体的案件事实和证据的影响最大，律师是否参与代理，受理法院所在地等其他因素的影响均不会构成决定案件输赢的决定性因素。

下　编

刑事领域诈骗罪的司法指数

导　言

　　诚信社会是我国迈向国家治理体系和治理能力现代化的重要因素之一，诚信是我国社会治理和社会主义市场经济体制的道德基础，也是我国社会主义核心价值观的重要内容之一。诚信对社会方方面面的影响不必多言。诚信是我国传统道德的基本要素，中国的儒教传统强调以道德教化民众，大部分时期处理道德与法律的关系也采用"德主刑辅"的基本观念。诚信对社会经济、文化发展，对社会的和谐稳定具有根基的作用，社会中个人之间的和谐相处讲究诚信，国家和社会的发展也离不开诚信的护航。诚信具有三个维度：一是作为个人品质的诚信，内化于个体，来自个人内心的自我教育和自我塑造；二是作为人际关系的诚信，它存在于平等的社会主体之间，对社会秩序的维护具有重要的意义；三是作为政治的诚信，是国家和政府的承诺，具体涉及政务诚信和司法诚信。① 建设诚信社会，需要全体社会成员的共同参与，更需要政府的推动，建设维持社会经济、生活秩序为核心的系统的社会诚信工程，以此促进诚信发展。近几年来国家也不断强调社会诚信的建设，先后出台多个政策文件，采取多种整治措施，从党的十八大报告中的"加强政务诚信、商务诚信、社会诚信和司法诚信建设"，到《十二五规划纲要》中"加快社会信用体系建设"的总体要求再到国务院印发的《社会信用体系建设规划纲要（2014—2020年）》，实践中全国已有五百多万人因为信用问题被警示和惩戒，这表明诚信建设正在进行时。

　　本篇以诚信社会的建设为关注目标，以各省份为基本单位，通过统计分析全国中院以上法院所审理的一、二、再审刑事普通诈骗罪案件来分析各地社会的诚信状况，以此总结我国诚信社会建设现状以及存在的问题，并在此基础上为社会诚信建设提出一定的意见和措施。

---

① 付子堂,类延村.诚信的自由诠释与法治规训[J].法学杂志,2013 年第 1 期.

本篇选取刑事普通诈骗罪为考察对象,基于以下几点考虑:第一,在我国诈骗行为主要分为民事欺诈和刑事诈骗罪。但二者并非排斥对立关系,因为我国刑法规定,诈骗数额较大或有其他严重情节的才构成诈骗罪,因此若行为构成诈骗罪,则一定构成民事欺诈。① 由此可见刑事诈骗罪对公众利益的侵害更加严重,对诚信社会的危害性更大,因此通过考察刑事诈骗罪,更能体现一个地区的社会诚信状况。第二,选取普通诈骗罪作为考察对象的理由是,普通诈骗罪与特殊诈骗罪在刑法中构成一般法条和特殊法条的关系,虽然我国刑法将特殊诈骗罪规定在第三章"破坏社会主义市场经济秩序罪"当中,但通说认为其侵害的法益仍然是公私财产权,因此特殊诈骗罪是普通诈骗罪在对象、手段上的特殊情形,其所具有的社会危害性是相同的,由于普通诈骗罪包含更多的诈骗情形,对民众诚信感损害最多和最大的仍是普通诈骗罪,因此本篇选取普通诈骗罪作为反映诚信社会的考察对象。

本篇的研究思路为四步:第一步,数据的提取;第二步,指标体系的确立和统计;第三步,相关性分析;第四步,建议与措施。

第一步,数据的提取。由北大法宝从其数据库中将2017年度全国各地中级人民法院以上判决的普通诈骗罪案件的法律文书进行筛选和提取。裁判主体包括各省自治区直辖市的中级人民法院、高级人民法院和最高院(最高院仅一件再审案件)。案件审级包括一审、二审和再审,案件类型是普通诈骗罪。符合条件的裁判文书总共9 506份。

第二步,指标体系的确立和统计。根据报告研究需要,从判决书中提取了21类数据,分别是:案名、案号、案由、审理法院、审级、被告人籍贯、被告人住所地、被告人年龄、被告人性别、是否有辩护人参加、是否有律师、是否缓刑、审理结果、所涉标的额、主刑、主刑刑期、附加刑、附加刑刑期、被告人姓名、多人或单人犯罪、是否数罪并罚。

指标体系:

各地区诈骗罪案发率、案件分布特征:审理法院、被告人籍贯、被告人住所

各地区诈骗罪犯罪主体特征:被告人年龄、被告人性别

各地诈骗罪犯罪司法保护状况:是否有辩护人参与、是否有律师

各地诈骗罪数额分布情况:所涉标的数额

---

① 张明楷.刑法学(第五版)[M].北京:法律出版社,2016:1008.

各地诈骗罪的严重程度/各地社会诚信程度：审理结果、主刑、主刑刑期、附加刑、附加刑刑期、是否数罪并罚、是否缓刑

第三步，相关性分析。相关性分析采取的方法是将两项指标中各地区的排名进行相减求出位差，通过位差的正负和绝对值数值大小来体现两项指标之间的关联性。

影响诈骗罪案发的因素不能简单归于某一个因素，为此，我们综合了人口、经济、社会等方面因素进行全面考量，以期对普通诈骗罪案件进行更详细、全面、准确的说明。本篇主要提取了每百万人口诈骗罪案件发生数、每百万人口诈骗罪犯罪人人数、多人犯罪案件数占比与国民生产总值（GDP）、人均国民生产总值、人均可支配收入、城镇化率和城镇就业率之间进行相关性分析。

第四步，建议与措施。针对我国各地诚信状况提出进一步改善诚信状况的建议和具体措施。

第一章　指标体系统计

第一节　诈骗罪案件发生指数

表78　　　　　　　2017年度全国诈骗罪案件发生数量统计

地　区	诈骗罪案件数量(单位：件)	地　区	诈骗罪案件数量(单位：件)
上　海	1 062	黑龙江	232
河　南	913	江　西	216
浙　江	657	甘　肃	190
广　东	648	新　疆	187
山　西	533	陕　西	178
辽　宁	483	广　西	176
福　建	477	内蒙古	156
吉　林	366	贵　州	143
江　苏	361	云　南	122
安　徽	359	重　庆	106
河　北	318	天　津	101
湖　南	313	宁　夏	50
山　东	282	青　海	46
湖　北	276	海　南	40
四　川	256	西　藏	12
北　京	247		

　　2017年全国中级以上人民法院审判的诈骗罪案件数量总共9 506件，除去最高院1件外，平均每个省份307件。从上表我们可以看出，诈骗罪案件发生数前四的地区为上海、河南、浙江和广东。上海为1 062件，河南为913件，浙江为657件，广东为648件，而数量最少的四个地区是宁夏、青海、海南和西藏，案件数分别为50件、46件、40件、12件。可见在我国诈骗罪的发生数量在

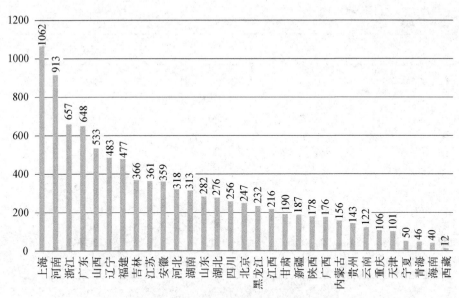

图55　2017年全国诈骗罪案件发生数量

不同地区差距非常巨大的,并且观察案件数量最多的几个地区,这些地区既是经济发达地区也是人口大省,而案件发生数最少的几个地区正好相反,主要是西部欠发达地区。观察表中数据还可以发现,有的案件发生数相近的地区人口数量差别却巨大,如吉林和江苏案件发生数分别为366件和361件,但两省的人口数却分别为2 717万和8 029万,可见两省的每百万人口案件发生数差距较大。因此考察各地的社会诚信状况除了关注各地案件数量以外,需要结合各地人口密度进行考察,这也表明诈骗罪的案发率与其他因素有关。仅从案件绝对数量我们并不能对此现象作出全面的分析,因此下面将提取各地区每百万人口案件发生数,以此在统一的人口数量标准下来观察各地区诈骗罪的发生情况以及其对民众诚信感所造成的影响。

表79　　　　　　　各地区2017年人口数量(百万)

地　区	2017年人口数量(百万)	地　区	2017年人口数量(百万)
上　海	24.18	辽　宁	43.69
河　南	95.59	福　建	39.11
浙　江	56.57	吉　林	27.17
广　东	111.69	江　苏	80.29
山　西	37.02	安　徽	62.55

续表

地　区	2017 年人口数量（百万）	地　区	2017 年人口数量（百万）
河　北	75.2	广　西	48.85
湖　南	68.6	内蒙古	25.29
山　东	100.06	贵　州	35.08
湖　北	59.02	云　南	47.14
四　川	81.4	重　庆	29.91
北　京	21.71	天　津	15.57
黑龙江	37.89	宁　夏	6.62
江　西	46.22	青　海	5.83
甘　肃	25.91	海　南	9.26
新　疆	22.98	西　藏	3.18
陕　西	37.75		

数据来源：《国家统计局年鉴 2018》

表 80　　　　　　　　　2017 年每百万人口诈骗罪案件数量统计

地　区	每百万人口诈骗罪案件数（件）	地　区	每百万人口诈骗罪案件数（件）
上　海	43.920	黑龙江	6.122
河　南	9.551	江　西	4.673
浙　江	11.613	甘　肃	7.333
广　东	5.801	新　疆	8.137
山　西	14.397	陕　西	4.715
辽　宁	11.055	广　西	3.602
福　建	12.196	内蒙古	6.168
吉　林	13.470	贵　州	4.076
江　苏	4.496	云　南	2.588
安　徽	5.739	重　庆	3.543
河　北	4.228	天　津	6.486
湖　南	4.562	宁　夏	7.552
山　东	2.818	青　海	7.890
湖　北	4.676	海　南	4.319
四　川	3.144	西　藏	3.773
北　京	11.377		

通过表 80 可以看出，上海的诈骗罪案件数量和每百万人口诈骗罪案件数均为第一，每百万人口案件数达到了 44 件，远远高于其他省份，这种现象可能

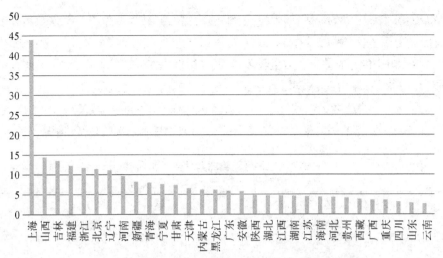

图 56　2017 年各地区每百万人口诈骗罪案件数柱形图

受多种因素影响。首先，上海作为全国经济最发达的城市之一，经济往来频繁，交易活动中可能会发生更多的诈骗行为；其次，因经济发达居民文化水平较高，因此居民的权利意识也较强，法治更为健全，因此受欺诈后诉请法律保护的意愿也更为强烈；再者，也有可能因为上海地区司法改革的步伐较为领先，案件裁判文书上网率较高。虽然社会诚信状况受多元因素的影响，上海作为经济发达的领先地区或有其独特性，但是从上述表格所反映的情况来看，上海的社会诚信状况较差，还需要进一步改善。

　　通过案件数量排名减去每百万人口案件数量的排名，可以反映出人口数量对诈骗罪发生情况的影响：如果差值为正，则说明案件数量较少，但是每百万人口案件数量较多，因此此地案件数量少可能与人口基数较少有关，社会诚信状况较差；如果差值为负，则说明此地案件数量较多，但由于人口基数较大，每百万人口案件数量其实较少，社会诚信状况较好；如果差值的绝对值数值较大，说明其社会诚信状况受人口数量的影响较大，如果差值的绝对值数值较小，说明案件发生数排名和每百万人口案件发生数排名相差不大，排名数可以在一定程度上反映社会诚信状况。

　　案件发生数量排名在中间偏前的省份，如广东、江苏、河北，山东，每百万人口案件数的排名下降明显，差值分别达到了－12、－13、－13、－17，这说明这些地区可能是由于其人口基数较大所以案件发生数较多，但每百万人口中诈骗罪的发生数量较少，社会整体诚信状况并没有那么差；而与此相反，案件发生数量排名靠后,发生数很少的地区,如天津、宁夏、青海、新疆,其每百万人口案件数量排名却上升较多,差值达到了 14、17、19、11,这说明这些地区虽然案件发生数量较少,但每百万人口中的诈骗罪发生数量较多,公民身边发生诈骗罪的概率较大,因此社会诚信状况更差;像山西、福建、黑龙江、贵州、江西等地,差值分别为 3、3、2、−1、−2,这说明这些地区案件数排名与每百万人口案件发生数排名位置基本一致,因此表格中数据在一定程度上能够准确地体现当地诈骗罪的发生情况。

表 81 　　　　　　2017 年各地区诈骗罪案件数量排名、每百万人口诈骗罪案件数量的排名及两者差值

地 区	案件数排名	每百万人口案件发生数排名	位差	地 区	案件数排名	每百万人口案件发生数排名	位差
上 海	1	1	0	黑龙江	17	15	2
河 南	2	8	−6	江 西	18	20	−2
浙 江	3	5	−2	甘 肃	19	12	7
广 东	4	16	−12	新 疆	20	9	11
山 西	5	2	3	陕 西	21	18	3
辽 宁	6	7	−1	广 西	22	27	−5
福 建	7	4	3	内蒙古	23	14	9
吉 林	8	3	5	贵 州	24	25	−1
江 苏	9	22	−13	云 南	25	31	−6
安 徽	10	17	−7	重 庆	26	28	−2
河 北	11	24	−13	天 津	27	13	14
湖 南	12	21	−9	宁 夏	28	11	17
山 东	13	30	−17	青 海	29	10	19
湖 北	14	19	−5	海 南	30	23	7
四 川	15	29	−14	西 藏	31	26	5
北 京	16	6	10				

第二节　诈骗罪犯罪人数量指数

表 82 　　　　　　2017 年各地区诈骗罪犯罪人数量

地 区	诈骗罪犯罪人数量(人)	地 区	诈骗罪犯罪人数量(人)
上 海	1 252	浙 江	1 286
河 南	1 173	广 东	1 121

续表

地　区	诈骗罪犯罪人数量（人）	地　区	诈骗罪犯罪人数量（人）
山　西	512	甘　肃	213
辽　宁	544	新　疆	184
福　建	737	陕　西	195
吉　林	529	广　西	230
江　苏	551	内蒙古	168
安　徽	418	贵　州	195
河　北	364	云　南	138
湖　南	309	重　庆	232
山　东	322	天　津	152
湖　北	395	宁　夏	53
四　川	306	青　海	45
北　京	227	海　南	71
黑龙江	231	西　藏	11
江　西	253		

图57　2017年各地区诈骗罪犯罪人数量柱形图

从图57可知，浙江、上海、河南、广东，四地犯罪人数量远远多于全国其他省级行政区，人数达到了1 100人以上，四地为经济发达或人口基数较大的地区，而犯罪人数量最少的四个省级行政区为海南、宁夏、青海和西藏，犯罪人数均不过百，四地为经济欠发达和人口较少的地区，这与诈骗罪案件数量的统计情况基本一致。与案件数量的考察一样，仅从犯罪人数量，我们无法准确地判断一个地区的社会诚信状况，需要结合当地的人口数量进行考察，若每百万人口中犯罪人数量较大，那么说明民众身陷诈骗的概率会较大，社会诚信状况较差，反之亦然。

表83　2017年各地区每百万人口中诈骗罪犯罪人数量

地区	犯罪人数量（人）	人口数量（百万）	每百万人口犯罪人数量(人)	地区	犯罪人数量（人）	人口数量（百万）	每百万人口犯罪人数量(人)
上海	1 252	24.18	51.778	黑龙江	231	37.89	6.096
河南	1 173	95.59	12.271	江西	253	46.22	5.473
浙江	1 286	56.57	22.732	甘肃	213	25.91	8.220
广东	1 121	111.69	10.036	新疆	184	22.98	8.006
山西	512	37.02	13.830	陕西	195	37.75	5.165
辽宁	544	43.69	12.451	广西	230	48.85	4.708
福建	737	39.11	18.844	内蒙古	168	25.29	6.642
吉林	529	27.17	19.470	贵州	195	35.08	5.558
江苏	551	80.29	6.862	云南	138	47.14	2.927
安徽	418	62.55	6.682	重庆	232	29.91	7.756
河北	364	75.2	4.840	天津	152	15.57	9.762
湖南	309	68.6	4.504	宁夏	53	6.62	8.006
山东	322	100.06	3.218	青海	45	5.83	7.718
湖北	395	59.02	6.692	海南	71	9.26	7.667
四川	306	81.4	3.759	西藏	11	3.18	3.459
北京	227	21.71	10.456				

将各地每百万人口诈骗罪犯罪人数量予以统计，可以看出上海和浙江，不仅诈骗罪犯罪人数量位居前两位，并且每百万人口诈骗罪犯罪人数量也是前两位，这说明虽然两地经济发达，但社会中不诚信现象也较多。其中上海的每百万人口的诈骗罪犯罪人数量远远高于其他省级行政区。并且经过统计，上海1 252名诈骗罪犯罪人中有815人为外地户籍，由于上海为人口流入地区，外地户籍人口数量较大，外来人口犯诈骗罪的人数占到了诈骗罪人数的65%，这说明上海需要加强对外来人口进行诚信方面的教育以改善社会诚信状况。

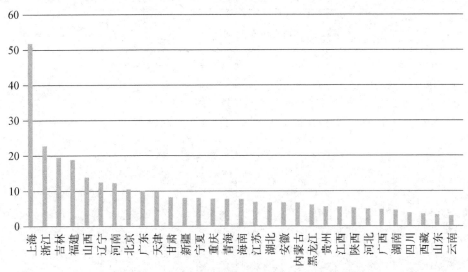

图 58 2017 年每百万人口中诈骗罪犯罪人数量柱形图

反映犯罪人数量和人口数量的关系可以通过将各地区犯罪人数量排名减去每百万人口犯罪人数量排名的差值来体现。如果差值为正则说明犯罪人数量较少，但是每百万人口犯罪人数量较多，社会诚信状况有待提高；如果差值为负则说明，犯罪人数虽多，但每百万人口犯罪人数量较少，社会诚信状况较好。有几个省份犯罪人数量排名较靠前，但是每百万人口的犯罪人数量排名下降明显，如江苏、河北、山东、湖南、四川，差值均达到了－10以下，这说明这些省份犯罪人数量较多是由于其人口基数较大，其每百万人口犯罪人数量较少，说明这些地区社会诚信状况较好。反之，有几个地区犯罪人数量较少，但是每百万人口犯罪人数量却较大，如：北京、甘肃、新疆、天津、宁夏、青海，差值达到了 10 以上，这说明这些地区犯罪人人数少可能是由于人口基数较小，但是民众身边诈骗罪出现的概率还是较大的，社会诚信状况有待改善。

表 84 2017 年各地区诈骗罪犯罪人数量排名、每百万人口犯罪人数量排名及位差

地 区	犯罪人数量排名	每百万人口犯罪人数量排名	位差	地 区	犯罪人数量排名	每百万人口犯罪人数量排名	位差
浙 江	1	2	－1	广 东	4	9	－5
上 海	2	1	1	福 建	5	4	1
河 南	3	7	－4	江 苏	6	17	－11

续表

地 区	犯罪人数量排名	每百万人口犯罪人数量排名	位差	地 区	犯罪人数量排名	每百万人口犯罪人数量排名	位差
辽 宁	7	6	1	北 京	20	8	12
吉 林	8	3	5	甘 肃	21	11	10
山 西	9	5	4	陕 西	22	24	−2
安 徽	10	19	−9	贵 州	23	22	1
湖 北	11	18	−7	新 疆	24	12	12
河 北	12	25	−13	内蒙古	25	20	5
山 东	13	30	−17	天 津	26	10	16
湖 南	14	27	−13	云 南	27	31	−4
四 川	15	28	−13	海 南	28	16	12
江 西	16	23	−7	宁 夏	29	13	16
重 庆	17	14	3	青 海	30	15	15
黑龙江	18	21	−3	西 藏	31	29	2
广 西	19	26	−7				

第三节 诈骗罪犯罪人性别指数

表 85　　　　　　　　　　　2017 年诈骗罪犯罪人性别指数

地 区	犯罪人数量（人）	男性（人）	女性（人）	男性犯罪人百分比（%）	女性犯罪人百分比（%）
上 海	1 252	1 097	155	88	12
河 南	1 173	1 033	140	88	12
浙 江	1 286	1 044	242	81	19
广 东	1 121	948	173	85	15
山 西	512	462	50	90	10
辽 宁	544	473	71	87	13
福 建	737	631	106	86	14
吉 林	529	467	62	88	12
江 苏	551	471	80	85	15
安 徽	418	353	65	84	16
河 北	364	330	34	91	9
湖 南	309	272	37	88	12

续表

地　区	犯罪人数量（人）	男性（人）	女性（人）	男性犯罪人百分比（%）	女性犯罪人百分比（%）
山　东	322	274	48	85	15
湖　北	395	327	68	83	17
四　川	306	265	41	87	13
北　京	227	191	36	84	16
黑龙江	231	194	37	84	16
江　西	253	219	34	87	13
甘　肃	213	199	14	93	7
新　疆	184	163	21	89	11
陕　西	195	154	41	79	21
广　西	230	200	30	87	13
内蒙古	168	148	20	88	12
贵　州	195	167	28	86	14
云　南	138	113	25	82	18
重　庆	232	178	54	77	23
天　津	152	110	42	72	28
宁　夏	53	50	3	94	6
青　海	45	41	4	91	9
海　南	71	66	5	93	7
西　藏	11	9	2	82	18

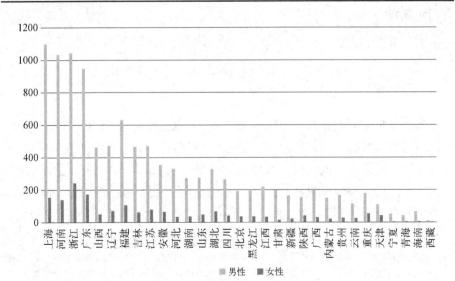

图 59　2017 年诈骗罪犯罪人性别数量统计

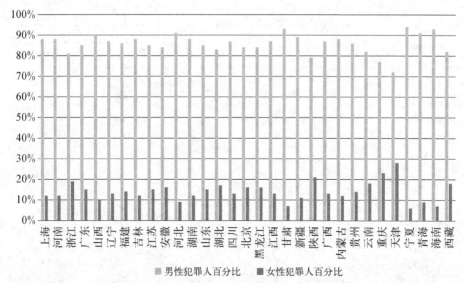

图60　2017年各地区诈骗罪犯罪人性别百分比统计

　　犯罪人性别是诈骗罪犯罪主体特征之一，从上述两个表格中可以看出，全国大部分地区诈骗罪犯罪人性别男性占有主要比例，男性犯罪人的数量在80%—90%之间，而女性犯罪人比例在10%左右。浙江、陕西、重庆、天津、西藏女性犯罪人的比例达到了20%左右，陕西和重庆女性犯罪人数量较多的原因可能是与当地人口构成中，女性人口总数多于男性人口总数①有关，也可能与当年裁判案件的随机性有关。

第四节　诈骗罪犯罪数额指数

　　诈骗罪犯罪数额的多少能够较为直观地体现诈骗罪对社会诚信造成的损害，如果犯罪数额较大，那么对民众造成的经济损失和心理恐惧感会更大，社会诚信感会较差。在此诈骗罪数额的分类是根据《最高人民法院最高人民检察院关于办理诈骗刑事案件具体应用法律若干问题的解释》第一条，诈骗公私财物价值三千元至一万元以上、三万元至十万元以上、五十万元以上的，应当

---

① 2018年陕西省统计局《陕西统计年鉴2018》中统计2017年陕西人口总数为3 835万人，其中男性1 980万人，占比51.63%，女性1 855万人，占比48.37%；2018年重庆市统计局《重庆统计年鉴2018》中统计2017年重庆人口总数为3 389.82万人，其中男性1 741.13万人，女性1 648.69万人。

分别认定为刑法第二百六十六条规定的"数额较大""数额巨大""数额特别巨大"。此指标可以从三个方面反映社会诚信状况：不同犯罪数额的诈骗罪案件数量、不同犯罪数额每百万人口案件数量和不同犯罪数额占案件总数的比例。

表 86　　　　2017 年各地区不同犯罪数额的诈骗罪案件数量统计

地　区	数额较大（件）	数额巨大（件）	数额特别巨大（件）	地　区	数额较大（件）	数额巨大（件）	数额特别巨大（件）
上　海	501	295	96	黑龙江	25	68	66
河　南	177	389	178	江　西	44	73	50
浙　江	235	217	159	甘　肃	34	55	38
广　东	207	227	133	新　疆	23	54	32
山　西	92	167	123	陕　西	30	61	37
辽　宁	83	162	127	广　西	49	73	24
福　建	167	149	98	内蒙古	29	61	43
吉　林	64	124	82	贵　州	35	54	18
江　苏	87	139	69	云　南	18	35	32
安　徽	79	127	56	重　庆	37	44	24
河　北	58	114	77	天　津	20	39	30
湖　南	69	93	49	宁　夏	3	16	9
山　东	53	97	64	青　海	6	11	15
湖　北	69	105	60	海　南	12	14	9
四　川	54	89	43	西　藏	0	3	3
北　京	29	62	109				

（由于统计数据中有的案件未提取"案件标的数额"因子，因此本表格只将提取此因子的案件进行统计，下列表格亦同）

从不同犯罪数额的诈骗罪数量来看，由于总案件数量较大，因此上海、河南、浙江、广东无论是较大数额、巨大数额、特别巨大数额的诈骗罪数量均位于全国前列，其数额巨大的案件数均为 200 件以上，河南甚至达到了 389 件，这些地区数额特别巨大的案件也在 100 件以上，这说明这些地区不仅案件数量多，而且案件的诈骗数额也很大，会给民众造成较大经济损失和诚信感的损害。从表中可以看出上海地区数额较大的案件不仅远远多于其他地区，而且也远远多于上海市内其他两类案件数量，这可以推测上海虽然诈骗罪发生数较多，但是以相对小数额的诈骗罪为主，这些小数额的诈骗罪虽然对居民造成的经济损失相对较小，但是由于发生数量较多亦对社会诚信感产生较大影响。

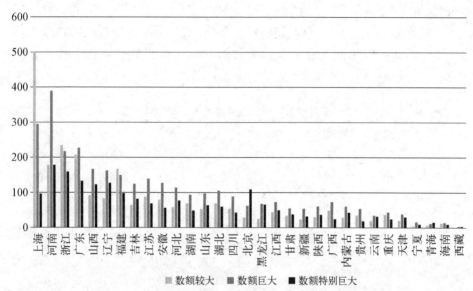

图 61　2017 年各地区不同犯罪数额的诈骗罪案件数量统计图

河南的情况也较为特殊,其数额巨大的案件数量比其他两类数额的案件数量的和还要多,并且也远远多于全国其他地区数额巨大的案件数,由于数额巨大的数额范围在三万元到五十万元之间,范围区间也较宽,因此可能造成了此区间诈骗罪数量较多。但是无论何种原因,如此数量的数额巨大的诈骗罪对民众的社会诚信感和经济状况会造成较大损害。另一个现象较为奇怪的是北京,虽然案件总数与经济发展水平相当的上海相比非常少,但是在本地区案件结构中数额特别巨大的案件数量占比较大,达到 109 件,远远多于案件总数相近的其他地区,这背后的原因更值得探究,主要可能与北京的特殊政治和经济情况有关。

表 87　　2017 年各地区每百万人口不同犯罪数额的诈骗罪案件数量统计

地　区	每百万人数额较大案件数量（件）	每百万人数额巨大案件数量（件）	每百万人数额特别巨大案件数量(件)	地　区	每百万人数额较大案件数量（件）	每百万人数额巨大案件数量（件）	每百万人数额特别巨大案件数量(件)
上　海	20.7	12.2	4	广　东	1.9	2	1.2
河　南	1.9	4	1.9	山　西	2.5	4.5	3.3
浙　江	4	3.8	2.8	辽　宁	1.9	3.7	2.9

续表

地　区	每百万人数额较大案件数量（件）	每百万人数额巨大案件数量（件）	每百万人数额特别巨大案件数量（件）	地　区	每百万人数额较大案件数量（件）	每百万人数额巨大案件数量（件）	每百万人数额特别巨大案件数量（件）
福　建	4.3	3.8	2.5	新　疆	1	2.3	1.4
吉　林	2.4	4.6	3	陕　西	0.8	1.6	1
江　苏	1.1	1.7	0.9	广　西	1	1.5	0.5
安　徽	1.3	2	0.9	内蒙古	1.1	2.4	1.7
河　北	0.8	1.5	1	贵　州	1	1.5	0.5
湖　南	1	1.4	0.7	云　南	0.4	0.7	0.7
山　东	0.5	1	0.6	重　庆	1.2	1.5	0.8
湖　北	1.2	1.8	1	天　津	1.3	2.5	1.9
四　川	0.7	1.1	0.5	宁　夏	0.5	2.4	1.4
北　京	1.3	2.9	5	青　海	1	1.9	2.6
黑龙江	0.7	1.8	1.7	海　南	1.3	1.5	1
江　西	1	1.6	1.1	西　藏	0	1	1
甘　肃	1.3	2.1	1.5				

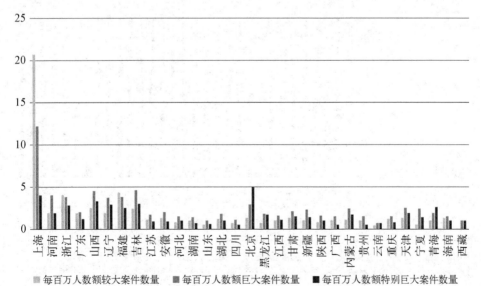

图 62　2017 年各地区每百万人口不同犯罪数额的诈骗罪案件数量统计柱形图

在进行各地区横向比较时,单纯从案件数量不足以说明某一地区的社会诚信状况,较为客观的标准是参考每百万人口案件的数量。从图中可以看出上海每百万人口数额较大案件数量和每百万人口数额巨大案件数量都属于全国最多,这可能是由于上海人口稠密,经济发达,商贸往来较多,案件总量较大,较大数额和巨大数额的诈骗罪发生数量较多,由于小数额的诈骗罪多是针对居民个人或家庭进行,会严重影响上海居民的社会诚信感,并且对上海的营商环境也会造成负面影响。河南、山西、吉林,每百万人口数额巨大案件数量在5件左右,相比其他地区数量较多,这说明这些地区不仅数额巨大案件总数较多,人均发案率也较高,诚信状况有待加强。相比广东、江苏、安徽、河北、山东、湖北,虽然案件总数处于中间靠前的位置,但是每百万人中数额较大、数额巨大、数额特别巨大的案件发生数量都较少,因此可以看出案件总数较高可能是由于人口基数较大,其社会诚信度是较好的。相比案件总数较少的天津、宁夏、青海、海南等地,人口基数较小,但是每百万人口中三类数额的案件数却与案件总数排名中等的地区数量相近甚至偏多,因此可以看出这些地区的诚信状况相对较差,需要改善。

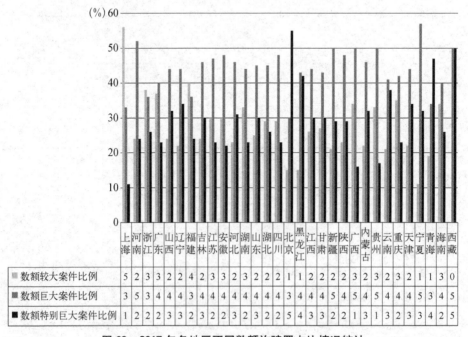

	上海	河南	浙江	广东	山西	辽宁	福建	吉林	江苏	安徽	河北	湖南	山东	湖北	四川	北京	黑龙江	江西	甘肃	新疆	陕西	广西	内蒙古	贵州	云南	重庆	天津	宁夏	青海	海南	西藏
■ 数额较大案件比例	5	2	3	3	2	2	4	2	3	2	3	2	2	2	2	1	1	2	2	2	2	3	2	3	2	3	2	1	1	3	0
■ 数额巨大案件比例	3	5	3	4	4	4	3	4	4	4	4	4	4	4	3	4	4	3	4	5	4	5	4	4	4	5	3	4	5
■ 数额特别巨大案件比例	1	2	2	2	3	3	2	3	2	2	3	2	3	2	2	5	4	3	3	2	2	1	3	1	3	2	3	4	2	5

图 63　2017 年各地区不同数额诈骗罪占比情况统计

图 63 是各地三类案件的占比情况,图中北京地区数额特别巨大案件比例超过了 50%,远远高于其他地区,并且每百万人中数额特别巨大案件数量北京也是全国最高,达到了 5 件。北京地区在案件总数不是很多的情况下,每百万人中数额特别巨大案件数量和占比都达到了最高,这可能是由于多种因素所导致,数额特别巨大的诈骗罪多是针对经济实力雄厚的企业进行,因此作为我国的首都,众多企业在北京进行营业活动,这有可能使得数额特别巨大诈骗罪的发生数增多,如此高额的诈骗数额对经济状况和社会诚信感以及地区营商环境会造成较大负面影响。

第五节 诈骗罪有期徒刑期间指标

刑罚的轻重能反映犯罪行为的社会危害性,我国刑法第二百六十六条规定,诈骗公私财物,数额较大的,处三年以下有期徒刑、拘役或者管制,并处或者单处罚金;数额巨大或者有其他严重情节的,处三年以上十年以下有期徒刑,并处罚金;数额特别巨大或者有其他特别严重情节的,处十年以上有期徒刑或者无期徒刑,并处罚金或者没收财产。本法另有规定的,依照规定。可以看出我国对诈骗罪的量刑主要是有期徒刑,因此通过有期徒刑的期限长短,可以看出诈骗罪对社会诚信的危害性大小,并可以与之前的诈骗罪犯罪数额相呼应。

表 88　　　　2017 年各地区诈骗罪不同期限有期徒刑犯罪人数量统计

地　区	有期徒刑3年以下（不包括3年）（人）	3—10年（不包括10年）（人）	10年以上（人）	地　区	有期徒刑3年以下（不包括3年）（人）	3—10年（不包括10年）（人）	10年以上（人）
上　海	643	374	77	安　徽	128	181	64
河　南	348	582	213	河　北	101	153	69
浙　江	543	469	228	湖　南	101	128	59
广　东	546	414	145	山　东	78	159	74
山　西	136	219	137	湖　北	115	191	67
辽　宁	146	231	146	四　川	116	121	45
福　建	334	267	114	北　京	31	64	106
吉　林	181	225	87	黑龙江	48	74	45
江　苏	176	263	81	江　西	79	101	57

续表

地　区	有期徒刑3年以下（不包括3年）（人）	3—10年（不包括10年）（人）	10年以上（人）	地　区	有期徒刑3年以下（不包括3年）（人）	3—10年（不包括10年）（人）	10年以上（人）
甘　肃	68	91	31	重　庆	91	93	34
新　疆	30	80	34	天　津	40	71	35
陕　西	45	72	22	宁　夏	4	25	9
广　西	27	99	24	青　海	10	14	11
内蒙古	37	80	40	海　南	28	29	8
贵　州	65	84	19	西　藏	0	4	6
云　南	44	44	25				

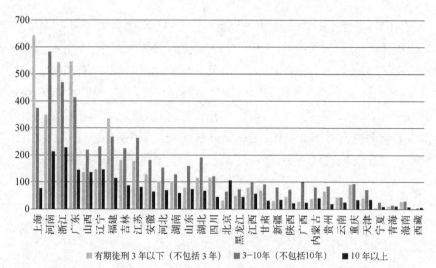

图64　2017年各地区诈骗罪不同期限有期徒刑犯罪人数量统计柱形图

　　从不同刑期的犯罪人数统计来看，上海、河南、浙江、广东由于案件数量较多，因此三个期限的犯罪人数量也较多。但是上海、浙江、广东、福建，3年以下有期徒刑的犯罪人数高于本地其他两个期限的犯罪人数，说明这些地区诈骗3万元以下的犯罪人数较多，虽然给居民造成的经济损失较小，但也会影响社会诚信度。河南、山西、辽宁、吉林、江苏等，3—10年有期徒刑的人数高于其他两个区间，这说明这些地区诈骗罪不仅犯罪数量较多，而且犯罪数额较大、情节较为严重，给民众造成的经济损失大，对社会诚信的危害度也较高。

表 89　　　　　2017 年各地区诈骗罪不同期限有期徒刑犯罪人占比统计　　　　　单位：%

地　　区	<3 年占比	3—10 年占比	>10 年占比	地　　区	<3 年占比	3—10 年占比	>10 年占比
上　海	59	34	7	黑龙江	29	44	27
河　南	30	51	19	江　西	33	43	24
浙　江	44	38	18	甘　肃	36	48	16
广　东	49	38	13	新　疆	21	56	23
山　西	28	44	28	陕　西	32	52	16
辽　宁	28	44	28	广　西	18	66	16
福　建	47	37	16	内蒙古	24	51	25
吉　林	37	46	17	贵　州	39	50	11
江　苏	34	51	15	云　南	39	39	22
安　徽	34	49	17	重　庆	42	43	15
河　北	31	47	21	天　津	27	49	24
湖　南	35	44	21	宁　夏	11	66	23
山　东	25	51	24	青　海	29	40	31
湖　北	31	51	18	海　南	43	45	12
四　川	41	43	16	西　藏	0	40	60
北　京	15	32	53				

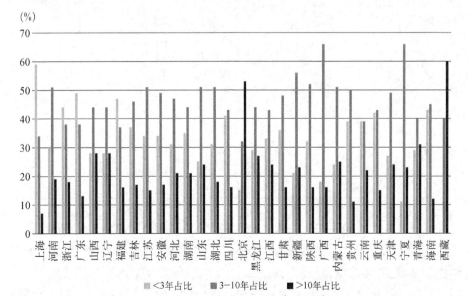

图 65　2017 年各地区诈骗罪不同期限有期徒刑犯罪人占比统计柱形图

　　不同期限犯罪人数占各地区诈骗罪总人数的比例,上海、浙江、广东、福建,3年以下有期徒刑的比例较高,说明数额较大的犯罪占比较大,对居民经济损失较小;全国其他地区,除北京和西藏外,3—10年有期徒刑占比较高,说明这些地区的诈骗罪犯罪数额较大,与上述不同地区的诈骗罪犯罪数额分布相一致,对居民造成的经济损失较大,而且社会诚信的危害更大;北京、西藏10年以上有期徒刑的占比达到了百分之五十以上,这说明北京的诈骗罪中,数额特别巨大和情节特别严重的案件较多,对社会的诚信状况危害更大,西藏由于案件数量较少,不具有代表性。

表90　　2017年各地区每百万人犯诈骗罪不同期限有期徒刑犯罪人数统计

地　区	每百万人口中3年以下犯罪人数	每百万人口中3—10年犯罪人数	每百万人口中10年以上犯罪人数	地　区	每百万人口中3年以下犯罪人数	每百万人口中3—10年犯罪人数	每百万人口中10年以上犯罪人数
上　海	26.6	15.5	3.18	黑龙江	1.3	2	1.2
河　南	3.6	6.1	2.2	江　西	1.7	2.2	1.2
浙　江	9.6	8.3	4	甘　肃	2.6	3.5	1.2
广　东	4.9	3.7	1.3	新　疆	1.3	3.5	1.5
山　西	3.7	5.9	3.7	陕　西	1.2	1.9	0.6
辽　宁	3.3	5.2	3.3	广　西	0.6	2	0.5
福　建	8.5	6.8	2.9	内蒙古	1.5	3.1	1.6
吉　林	6.7	8.2	3.2	贵　州	1.9	2.4	0.5
江　苏	2.2	3.3	1	云　南	0.9	0.9	0.5
安　徽	2	2.9	1	重　庆	3	3.1	1.1
河　北	1.3	2	0.9	天　津	2.6	4.6	2.2
湖　南	1.5	1.9	0.9	宁　夏	0.6	3.8	1.4
山　东	1.8	1.6	0.7	青　海	1.7	2.4	1.9
湖　北	1.9	3.2	1.1	海　南	3	3.1	0.9
四　川	1.4	1.5	0.6	西　藏	0	1.3	1.9
北　京	1.4	2.9	4.9				

　　每百万人中不同期限的犯罪人数量进行比较能够更加客观地反映出各地区之间诚信状况的差距。从图66中可以看出,上海、浙江、福建、吉林由于案件数量多,犯罪人数量也较多,因此每百万人中各个期限的犯罪人数也较多;而江苏、安徽、河北、山东虽然各个区间的犯罪人数中等,但是由于人口基数大,每百万人的各期限犯罪人较少,反映其社会诚信状况较好。

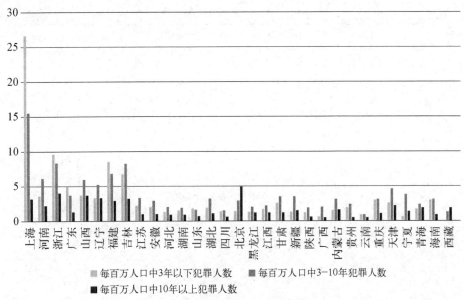

图66　2017年各地区每百万人犯诈骗罪不同期限有期徒刑犯罪人数统计柱形图

第六节　诈骗罪适用缓刑犯罪人的比例

　　缓刑是有条件地不执行所判决的刑罚，对于被判处拘役、3年以下有期徒刑的犯罪人，由于犯罪情节较轻，有悔罪表现，没有再犯危险，暂不执行刑罚对所居住的社区没有重大不良影响，可以规定一定的考验期，暂缓刑罚的执行，如果犯罪人在考验期内遵守一定的要求，原判刑罚就不再执行。缓刑是针对犯罪情节较轻且再无社会危害性的罪犯所采用的刑罚手段，如果一个犯罪人被判处缓刑，那么说明其对社会危害性很小，因此观察被判缓刑的犯罪人数占犯罪人总数的比例，可以反映一个地区未来一段时间社会诚信状况。

表91　　　　　　　　　2017年各地区诈骗罪适用缓刑犯罪人情况

地　区	案件数量（件）	适用缓刑（件）	不适用缓刑（件）	适用缓刑的案件占案件数量的比例（%）
上　海	1 062	249	813	23.40
河　南	913	29	884	3.20

续表

地 区	案件数量 (件)	适用缓刑 (件)	不适用缓刑 (件)	适用缓刑的案件占案 件数量的比例(%)
浙 江	657	10	647	1.50
广 东	648	9	639	1.40
山 西	533	28	505	5.30
辽 宁	483	17	466	3.50
福 建	477	10	467	2.10
吉 林	366	27	339	7.40
江 苏	361	7	354	1.90
安 徽	359	11	348	3.10
河 北	318	10	308	3.10
湖 南	313	16	297	5.10
山 东	282	20	262	7.10
湖 北	276	4	272	1.40
四 川	232	12	220	5.20
北 京	256	8	248	3.10
黑龙江	247	17	230	6.90
江 西	216	13	203	6
甘 肃	190	7	183	3.70
新 疆	187	18	169	9.60
陕 西	178	7	171	3.90
广 西	176	8	168	4.60
内蒙古	156	11	145	7.10
贵 州	143	7	136	4.90
云 南	122	1	121	0.80
重 庆	106	8	98	7.50
天 津	101	2	99	2
宁 夏	50	1	49	2
青 海	46	5	41	10.90
海 南	40	2	38	5
西 藏	12	2	10	17

可以从图 67 中看出上海是适用缓刑占案件总数比例最高的地区,占比达到 23.4%,上海诈骗罪案件数量为全国最多,3 年以下有期徒刑的犯罪人

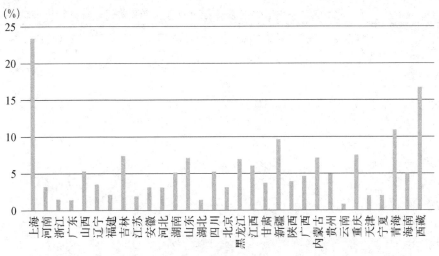

图67 2017年各地区诈骗罪适用缓刑案件占案件数量的比例柱形图

数也最多,适用缓刑的比例全国最高,说明上海诈骗罪数量较多,但是其中很大一部分是诈骗数额较少的轻微诈骗罪,当事人再犯的可能性较小,未来社会诚信状况有好转的潜力。与之相反,河南、浙江、广东、福建,这些地区诈骗罪案件数量多,但是适用缓刑的案件比例却很低,并且其被判处3—10年和10年以上有期徒刑的犯罪人数也较多,说明这些地区的诈骗罪诈骗数额较大、犯罪情节较为严重,诚信状况较差。山西、吉林、山东、黑龙江、新疆,这些地区缓刑率与案件发生总数相近的其他地区相比较高,说明这些地区的诈骗罪犯罪情节较轻,并且犯罪人悔罪态度较好,社会危害性较小,因此未来一段时间诚信状况相对其他地区有变好的趋势。而青海、西藏两地缓刑比例相对全国其他地区更高,但是由于其案件发生总数较小,犯罪数额巨大、特别巨大的犯罪数量占比较高,因此不能反映其社会诚信状况具有变好的趋势。

第七节 诈骗罪单人犯罪、多人犯罪指标

同一个案件中多人犯罪与单人犯罪相比,由于参与人数更多,更有组织和计划,因此社会危害性更大,对社会诚信度影响更大。因此统计各地区多人犯罪占案件总数的比例,亦能观察各地社会诚信的情况。

表 92　　　　　　　　　2017 年各地区诈骗罪单人犯罪、多人犯罪数量统计

地　区	案件数量 (件)	单人犯罪 (件)	多人犯罪 (件)	多人犯罪占案件 总数比例(%)
上　海	1 062	650	412	38.80
河　南	913	419	494	54.10
浙　江	657	256	401	61
广　东	648	248	400	61.70
山　西	533	242	291	54.60
辽　宁	483	236	247	51.10
福　建	477	210	267	56
吉　林	366	172	194	53
江　苏	361	120	241	66.80
安　徽	359	149	210	58.50
河　北	318	152	166	52.20
湖　南	313	114	199	63.60
山　东	282	128	154	54.60
湖　北	276	116	160	58
四　川	232	110	122	52.60
北　京	256	173	83	32.40
黑龙江	247	126	121	49
江　西	216	105	111	51.40
甘　肃	190	96	94	49.50
新　疆	187	105	82	43.90
陕　西	178	83	95	53.40
广　西	176	92	84	47.70
内蒙古	156	82	74	47.40
贵　州	143	66	77	53.80
云　南	122	63	59	48.40
重　庆	106	38	68	64.20
天　津	101	54	47	46.50
宁　夏	50	30	20	40
青　海	46	31	15	32.60
海　南	40	21	19	47.50
西　藏	12	5	7	58.30

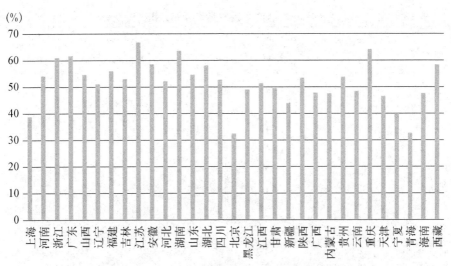

图 68　2017 年各地区诈骗罪多人犯罪占案件总数比例统计

通过图 68 可知,全国大部分地区多人犯罪占案件总数的一半左右,浙江、广东、江苏、湖南、重庆,这些地区多人犯罪占到案件总数 60％以上,说明这些地区的诈骗罪多为团伙犯罪。团伙犯罪组织更为严密、计划更为详细、诈骗范围更广,对社会危害程度更大,因此对社会诚信的负面影响更大,诚信状况亟待改善。上海和北京多人犯罪占案件总数的比例少于 40％,这说明两地犯罪主要以单人犯罪为主,特别是上海地区,上海地区不仅多人犯罪的比例较低,并且在缓刑适用比例、3 年以下有期徒刑犯罪人比例、犯罪数额较大占案件数比例均较大,这说明虽然上海地区案件数量多,但是诈骗罪的案件情节并非特别严重,虽然诈骗的多发会给民众的诚信感造成负面影响,但是其进行改善的潜力也是巨大的,采取有效措施加强诚信建设,上海的诚信状况会得到较为明显的改善。

第八节　诈骗罪是否数罪并罚指数

数罪并罚是一个犯罪人进行了数个犯罪,触犯了数个法益,犯数罪与犯一罪相比社会危害性更大。因此一个犯罪人在诈骗罪和其他犯罪数罪并罚的情况下,不仅对社会诚信造成影响,也会对其他法益造成侵害。因此各地数罪并罚的犯罪人数可以一定程度上体现地区的社会诚信状况。

表 93 2017 年各地区诈骗罪是否数罪并罚数量统计

地 区	数罪并罚案件数（件）	非数罪并罚（件）	地 区	数罪并罚案件数（件）	非数罪并罚（件）
上 海	38	1 214	黑龙江	6	225
河 南	25	1 148	江 西	1	255
浙 江	7	1 275	甘 肃	3	212
广 东	9	1 115	新 疆	3	181
山 西	14	498	陕 西	1	194
辽 宁	30	514	广 西	2	228
福 建	7	730	内蒙古	3	165
吉 林	10	519	贵 州	2	194
江 苏	3	548	云 南	1	137
安 徽	8	411	重 庆	2	230
河 北	3	361	天 津	2	150
湖 南	2	307	宁 夏	1	52
山 东	9	314	青 海	0	46
湖 北	3	392	海 南	0	71
四 川	10	296	西 藏	0	11
北 京	6	221			

通过表 93 可以看出，各地诈骗罪中犯罪人数罪并罚的情形并不太多，一般在 10 个以下，而上海、河南、辽宁，数罪并罚的犯罪人数较多，与案件数量较多也有关系，说明我国诈骗罪与其他犯罪并犯的情况还较为罕见，因此对民众社会诚信度的影响也较小。

第九节　诈骗罪犯罪人籍贯指数

一个地区诈骗罪的犯罪人并不都是本地籍贯，外来人员实施诈骗罪对当地的社会诚信状况也会造成巨大的损害，因此统计一个地区诈骗罪案件中外来人员实施诈骗罪的比例，可以为惩治诈骗、开展社会诚信建设提供参考。本书统计诈骗罪具有外来人员犯罪人的案件数量，并将未提取犯罪人籍贯的案件予以剔除。

表 94　　　　　　　　　　　　2017 年各地区诈骗罪犯罪人籍贯统计

地　区	本地人作案案件数（件）	外来人口作案案件数（件）	地　区	本地人作案案件数（件）	外来人口作案案件数（件）
上　海	195	535	黑龙江	122	22
河　南	300	170	江　西	126	69
浙　江	226	299	甘　肃	111	61
广　东	249	231	新　疆	45	72
山　西	202	160	陕　西	70	45
辽　宁	189	141	广　西	116	29
福　建	297	125	内蒙古	63	66
吉　林	190	76	贵　州	88	36
江　苏	110	154	云　南	78	26
安　徽	204	132	重　庆	32	45
河　北	143	100	天　津	62	28
湖　南	216	53	宁　夏	27	15
山　东	167	70	青　海	18	16
湖　北	159	83	海　南	24	7
四　川	127	78	西　藏	2	9
北　京	37	74			

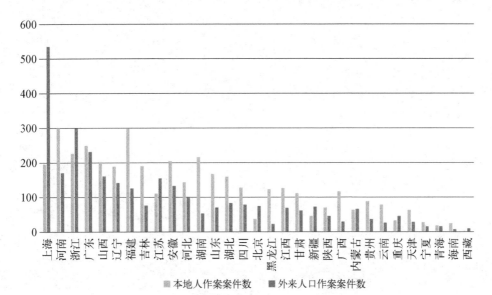

图 69　2017 年诈骗罪犯罪人籍贯柱形图

从图 69 中可以看出,上海、浙江、江苏、北京、新疆和重庆,这些地区的外来人口作案案件数高于本地籍贯人口作案的案件数,并且上海地区外来人口作案的案件数是本地户籍人口案件数的 2.7 倍。这可能是因为江浙沪、北京和重庆,是我国华东、华北和西南的经济核心地区,属于人口流入地区,由于这些地区经济发达,就业岗位较多,因此周边地区的人口向这些地区流入,外来人员的数量较大导致外来人员犯诈骗罪的数量也较多,这些地区的诚信状况受到负面影响。而新疆可能是由于我国实行特殊的组织行政架构,因此很多其他地区的人口也流入新疆,新疆外来人口犯诈骗罪的数量也较多。而像广东地区也属于人员流入的地区,但是其外来人员案件数与本地籍贯案件数基本一致,这可能是由于广东属于人口大省,本地人口基数较大,本地户籍的诈骗罪犯罪人也较多,本地人作案案件数和外来人员案件数基本相同,这表明外来人口与本地户籍人口对广东地区社会诚信状况的影响是同等程度的。福建地区较为特别,福建作为东部沿海发达地区,本地籍贯犯诈骗罪的案件数远远高于外来人员犯诈骗罪的数量,这表明本地诈骗现象较为猖獗,严重影响当地的社会诚信状况。湖南、山东、湖北、黑龙江等地区,诈骗罪犯罪人主要还是本地籍贯人口,受外来人员犯诈骗罪的影响相对较小。通过上述分析可知,经济发达地区、人口流入较多的地区的社会诚信状况易受外来人员犯诈骗罪的损害,当地进行社会诚信建设时要结合当地的人口户籍结构进行治理。

第二章 相关性分析

第一节 诈骗罪发生情况的相关性分析

影响诈骗罪案件发生的因素不能简单归于某一因素,需要综合人口、经济、社会等因素进行全面考量,才能对欺诈案件发生进行更详细、全面、准确的说明。如前所述,每百万人口诈骗罪案件发生数能够更加客观地衡量诈骗罪的发生情况,因此将之与以下五项因素进行相关性分析,即各地 2017 年生产总值(GDP)、2017 年各地人均 GDP、2017 年各地区人均可支配收入、2017 年各地城镇人口比例及 2017 年各地区城镇失业率,以此探求影响诈骗罪发生的因素。

一、诈骗罪发生情况与 2017 年生产总值(GDP)的关系

GDP 是指在一定时期内(一个季度或一年),一个国家或地区的经济中所生产出的全部最终产品和劳务的价值,常被公认为衡量国家或地区经济状况的最佳指标。一个地区的 GDP 可以反映该地区的经济实力和发展水平。我们从《中国统计年鉴 2018》数据库中提取了 2017 年各地区生产总值(GDP),如图 70 所示,其中广东省、江苏省、山东省、浙江省和河南省的地区生产总值(GDP)居于前五位,而甘肃省、海南省、宁夏回族自治区、青海省和西藏自治区则居于后五位,可见东西部经济发展水平仍存在一定差异。

为了探求诈骗罪案件发生数与 GDP 的关系,我们将各地每百万人口诈骗罪发生数排名减去各地 GDP 排名,以求得两者的位差。位差值为正表明该地诈骗罪发生数排名靠后,而 GDP 总量靠前,位差值为负表明该地诈骗罪发生数排名靠前,但 GDP 总量靠后。若位差的绝对值为 0 时,表明该地区 GDP 与每百万人口案件发生数排名接近,可能该地每百万人口案件发生数与 GDP 处于一致的程度;若位差的绝对值接近或大于 10 时,表明该地每百万人口案件发生数与 GDP 的差距较大。

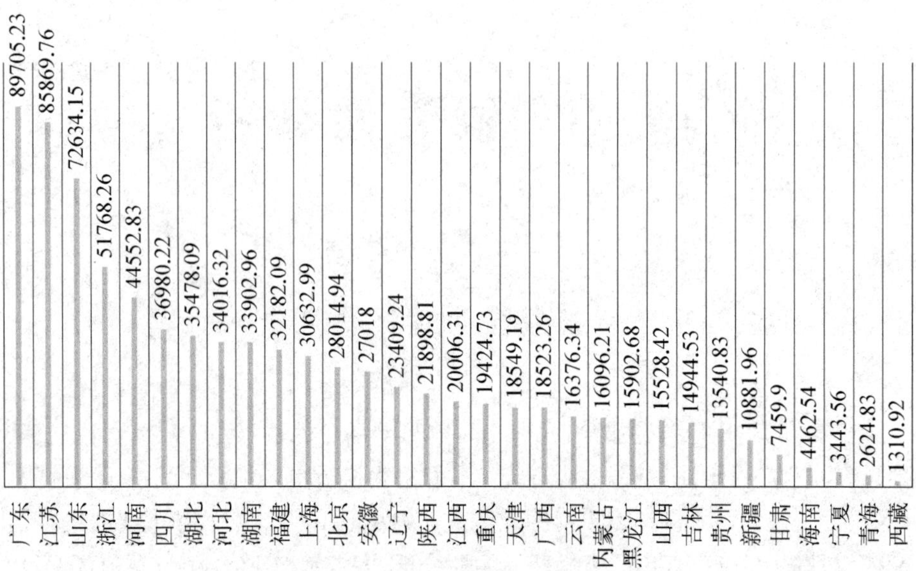

图70 各地区2017年GDP(亿元)

地区	GDP(亿元)
广东	89705.23
江苏	85869.76
山东	72634.15
浙江	51768.26
河南	44552.83
四川	36980.22
湖北	35478.09
河北	34016.32
湖南	33902.96
福建	32182.09
上海	30632.99
北京	28014.94
安徽	27018
辽宁	23409.24
陕西	21898.81
江西	20006.31
重庆	19424.73
天津	18549.19
广西	18523.26
云南	16376.34
内蒙古	16096.21
黑龙江	15902.68
山西	15528.42
吉林	14944.53
贵州	13540.83
新疆	10881.96
甘肃	7459.9
海南	4462.54
宁夏	3443.56
青海	2624.83
西藏	1310.92

表95　　2017年各地区每百万人口诈骗罪发生数排名、GDP排名及位差

地区	每百万人口案件数排名	GDP排名	位差	地区	每百万人口案件数排名	GDP排名	位差
上海	1	11	−10	安徽	17	13	4
山西	2	23	−21	陕西	18	15	3
吉林	3	24	−21	湖北	19	7	12
福建	4	10	−6	江西	20	16	4
浙江	5	4	1	湖南	21	9	12
北京	6	12	−6	江苏	22	2	20
辽宁	7	14	−7	海南	23	28	−5
河南	8	5	3	河北	24	8	16
新疆	9	26	−17	贵州	25	25	0
青海	10	30	−20	西藏	26	31	−5
宁夏	11	29	−18	广西	27	19	8
甘肃	12	27	−15	重庆	28	17	11
天津	13	18	−5	四川	29	6	23
内蒙古	14	21	−7	山东	30	3	27
黑龙江	15	22	−7	云南	31	20	11
广东	16	1	15				

从表 95 可以看出位差绝对值大于等于 10 的地区有 16 个，占比达到我国的半数地区，每百万人口诈骗罪发生数靠前省份，其差值大部分为负数，比如山西、吉林，两地的位差达到了－21，这表明这些地区可能是经济发展水平相对落后，并且诈骗罪多发，两者之间可能具有因果关系，因为经济发展水平相对落后造成了诈骗罪的多发，也可能是诈骗罪的多发，影响了社会营商环境因此经济发展水平落后，并且山西、吉林两地，GDP 排名远远落后于每百万案件发生数位列 4 和 5 的福建和浙江。而每百万人口诈骗罪发生数靠后的省份，其差值为正的较多，这表明这些地区有可能因为经济发展水平相对较好，使得诈骗罪发生数量较少，像江苏、山东、四川三地的位差绝对值达到 20 以上，表明该地的社会诚信状况较好，并且三个省份均为人口大省，案发率可能受人口基数等其他因素的影响。通过上表可以看出 GDP 与诈骗罪的发生情况具有大体反相关性，经济水平较高，诈骗罪发生率会较低，经济水平较低则反之。

二、诈骗罪发生情况与 2017 年各地人均 GDP 的关系

衡量经济发展水平的指标有很多，地区 GDP 是其中之一，为了更加全面地分析经济发展水平对一个地区诈骗罪案件发生情况的影响，我们在 GDP 的基础上引入了人均国内生产总值也就是人均 GDP 的概念。相较于 GDP，人均 GDP 可以更加客观地显示出一个地区的经济发展水平和居民生活水平。如图 71 可

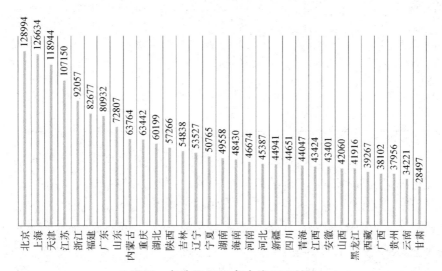

图 71　各地区 2017 年人均 GDP(元)

知,北京、上海、天津三个直辖市人均 GDP 居于前三名,而江浙二省紧随其后,相较于东部沿海地区而言,贵州、云南、甘肃等西部内陆地区人均 GDP 排名相对靠后。

我们将各地每百万人口诈骗罪案件发生数排名与人均 GDP 排名进行相减得出位差,差值为正表明每百万人口诈骗罪发生数排名靠后,人均 GDP 排名靠前,差值为负表明每百万人口诈骗罪发生数排名靠前,但人均 GDP 排名靠后。差值的绝对值越接近 0 表示该地诈骗罪案件排名与人均 GDP 排名相差较小,差值绝对值越大表示相差越大。

表 96　　2017 年各地每百万人口诈骗罪案件发生数排名、人均 GDP 排名及位差

地　区	每百万人口案件数排名	人均 GDP排名	位差	地　区	每百万人口案件数排名	人均 GDP排名	位差
上　海	1	2	−1	安　徽	17	24	−7
山　西	2	25	−23	陕　西	18	12	6
吉　林	3	13	−10	湖　北	19	11	8
福　建	4	6	−2	江　西	20	23	−3
浙　江	5	5	0	湖　南	21	16	5
北　京	6	1	5	江　苏	22	4	18
辽　宁	7	14	−7	海　南	23	17	6
河　南	8	18	−10	河　北	24	19	5
新　疆	9	20	−11	贵　州	25	29	−4
青　海	10	22	−12	西　藏	26	27	−1
宁　夏	11	15	−4	广　西	27	28	−1
甘　肃	12	31	−19	重　庆	28	10	18
天　津	13	3	10	四　川	29	21	8
内蒙古	14	9	5	山　东	30	8	22
黑龙江	15	26	−11	云　南	31	30	1
广　东	16	7	9				

从表 96 可以看出,我国每百万人口诈骗罪发生数排名与人均 GDP 排名的差值的绝对值大于等于 10 的地区有 11 个,差值绝对值小于 10 的地区有 20个,这说明我国大部分地区每百万人口诈骗罪发生数与人均 GDP 之间的排名相对一致。我们还可以看出,每百万人口诈骗罪发生数靠前的地区位差大多为负值,发生数前 10 的地区中有 8 个地区差值为负,而每百万人口诈骗罪发生数靠后的地区位差大多为正值,后 10 个地区中差值为正的有 7 个,这表明

人均 GDP 会对每百万人口诈骗罪发生数产生一定的影响。山西和吉林的差值分别达到了 −23 和 −10,这和两地案件发生数与 GDP 的相关性状况也相似,这表明两地经济欠发达的情况下,案件发生数过高,当地社会诚信状况较差,而重庆和山东两地的差值为 18 和 22,两地人均 GDP 位于靠前水平,而每百万人口案件发生数却相对较少,这表明两地社会诚信状况较好。因此人均 GDP 可能会影响诈骗罪发生数,进而影响社会的诚信状况。

三、每百万人口诈骗罪发生数与 2017 年人均可支配收入的关系

居民可支配收入常被用来衡量一个国家居民生活水平的因素,那么一个地区居民生活水平是否与诈骗罪的发生具有相关性呢？因此,我们从《中国统计年鉴 2018》数据库中提取了 2017 年全国不同地区人均可支配收入,如图 72,我们可以看出,上海市、北京市、浙江省、天津市人均可支配收入处于前几名,特别是上海和北京人均可支配收入遥遥领先,而云南省、贵州省、甘肃省和西藏自治区则居于后几位。从地区分布来看,东部沿海城市由于经济发达,人民生活水平也相对较高,而西南、西北地区由于自然条件恶劣,人口稀少,经济欠发达,从而导致人民生活水平相对较低。

将每百万人口诈骗罪发生数量排名减去人均可支配收入排名,若二者的

图 72　各地区 2017 年人均可支配收入

差值为正,则表明每百万人口诈骗罪案件发生数少,人均可支配收入较多,若二者的差值为负,则表明每百万人口诈骗罪案件发生数多,但人均可支配收入较少。若二者位差的绝对值大于等于10,那表明两者之间的差距较大,若位差的绝对值小于10,则表明两者之间的差距在全国的排名相近。

表 97　　　　　2017 年各地区每百万人口诈骗罪发生数量
排名、人均可支配收入排名及位差

地区	每百万人口案件数排名	人均可支配收入排名	位差	地区	每百万人口案件数排名	人均可支配收入排名	位差
上　海	1	1	0	安　徽	17	16	1
山　西	2	23	−21	陕　西	18	20	−2
吉　林	3	18	−15	湖　北	19	12	7
福　建	4	7	−3	江　西	20	15	5
浙　江	5	3	2	湖　南	21	13	8
北　京	6	2	4	江　苏	22	5	17
辽　宁	7	8	−1	海　南	23	14	9
河　南	8	24	−16	河　北	24	17	7
新　疆	9	25	−16	贵　州	25	29	−4
青　海	10	27	−17	西　藏	26	31	−5
宁　夏	11	22	−11	广　西	27	26	1
甘　肃	12	30	−18	重　庆	28	11	17
天　津	13	4	9	四　川	29	21	8
内蒙古	14	10	4	山　东	30	9	21
黑龙江	15	19	−4	云　南	31	28	3
广　东	16	6	10				

从表 97 可以看出两者位差绝对值大于等于 10 的地区有 11 个,绝对值小于 10 的地区有 20 个,这表明我国大部分地区每百万人口诈骗罪发生数与人均可支配收入之间处于一致的位置。表中诈骗罪案发数前 10 的地区位差为负的有 7 个,案发数后 10 的地区位差为正的有 8 个,山西、吉林、河南、新疆、青海、宁夏、甘肃,这些地区每百万人口案件发生率靠前,但是人均可支配收入却靠后,这之间可能因为人均可支配收入较低使得该地区诈骗罪频发,但是这些地区有的属于人口大省,有的是西部经济欠发达地区,诈骗罪多发还有可能受其他因素的影响。江苏、重庆和山东,差值为 17、17 和 21,表明三地诈骗罪案发率较低,人均可支配收入却较高,这说明人均可支配收入多,诈骗罪发生

数可能会减少，社会诚信度能够提高。

四、每百万人口诈骗罪发生数与2017年城镇人口比例的关系

城镇化是经济发展的必然产物，是人类社会现代化的必然趋势，但是城镇化进程中亦会产生各种城市问题。城市问题是城市犯罪孕育、发生和发展的温床，从整体层面上研究城市问题对犯罪的影响具有重要的现实意义，为了弄清城镇化与每百万人口欺诈案件发生数的关系，我们从《中国统计年鉴2018》数据库中提取了2017年各地区城镇人口比例，如图73，东部沿海发达地区城镇人口比例处于较为领先的地位，如上海、北京、天津、广东等地区，而中西部省区如云南、甘肃、西藏等城镇人口比例则较低，这种现象与各地人均GDP和人均可支配收入所呈现的趋势较为一致。

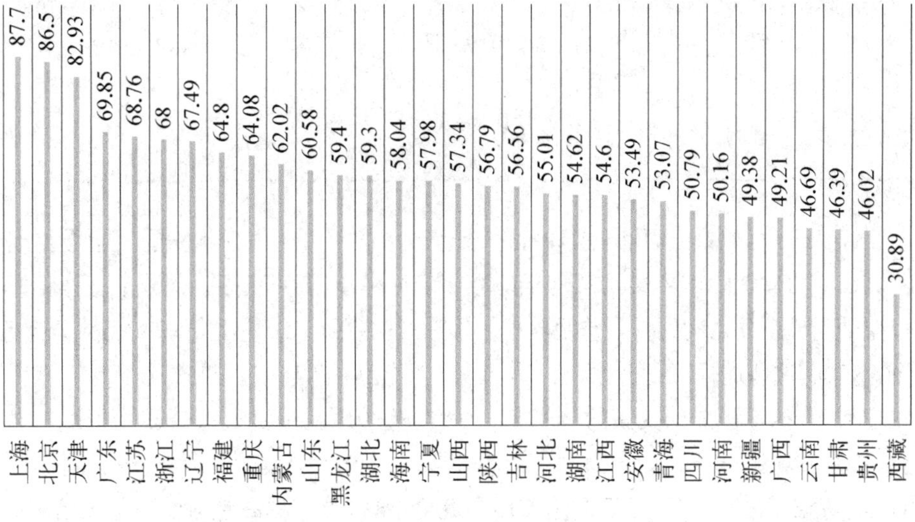

图73 2017年各地区城镇人口比例(%)

两者的差值为各地每百万人口诈骗罪案件发生数排名减去各地城镇化人口比例的排名，差值为正表示每百万人口诈骗罪发生数排名靠后，但城镇人口比例排名靠前，差值为负则表示每百万人口诈骗罪案件排名靠前，但城镇人口比例排名却靠后，即在城镇化程度较低的地区诈骗罪发生频率就越高。差值绝对值越接近0表示城镇化程度与欺诈案件发生情况相差较小，差值绝对值越大则表示城镇化程度与欺诈案件发生情况相差较大。

表98　　　　　　　2017年各地每百万人口诈骗罪案件发生数
排名、城镇化人口比例排名及位差

地　区	每百万人口案件数排名	城镇人口比例排名	位差	地　区	每百万人口案件数排名	城镇人口比例排名	位差
上　海	1	1	0	安　徽	17	22	−5
山　西	2	16	−14	陕　西	18	17	1
吉　林	3	18	−15	湖　北	19	13	6
福　建	4	8	−4	江　西	20	21	−1
浙　江	5	6	−1	湖　南	21	20	1
北　京	6	2	4	江　苏	22	5	17
辽　宁	7	7	0	海　南	23	14	9
河　南	8	25	−17	河　北	24	19	5
新　疆	9	26	−17	贵　州	25	30	−5
青　海	10	23	−13	西　藏	26	31	−5
宁　夏	11	15	−4	广　西	27	27	0
甘　肃	12	29	−17	重　庆	28	9	19
天　津	13	3	10	四　川	29	24	5
内蒙古	14	10	4	山　东	30	11	19
黑龙江	15	12	3	云　南	31	28	3
广　东	16	4	12				

从表98可以看出,我国有11个省级行政区的每百万人口诈骗罪发生数排名与城镇人口比例的排的位差绝对值大于等于10,这表明我国大部分地区诈骗罪发生数与城镇化之间的排名差距较小。其中案发数前10的地区差值为负数的有7个,这表明这些地区每百万人口诈骗罪发生数较大,但其城镇化比例不高。而案发数后10的地区差值为正的有8个,这表明这些地区每百万人口诈骗罪发生数少,并且其城镇化率较高。因此可以看出城镇化率对诈骗罪发生数呈反向的影响,提高城市化率,加强社区诚信宣传和社会治理,可以提高地区的社会诚信度。

五、每百万人口诈骗罪发生数与2017年城镇失业率的关系

失业率是指一定时期满足全部就业条件的就业人口中仍未有工作的劳动力数字,是反映一个国家或地区失业状况的主要指标。失业会产生诸多影响,一般可以将其分成两种:社会影响和经济影响。失业率过高,不仅对失业者的经济带来很大的负担,而且从心理上会增加失业者本身的不安全感,有些失

业者在心理素质较差的情况下，甚至会造成一系列的过激行为。这种不安全感扩散效应会同时增加在业劳动者的不安全感，进而增加社会整体的不安全感，从而影响社会整体稳定。因此考察城镇失业率对每百万人口诈骗罪发生数是否有影响，对反映社会诚信状况具有重要的意义。为此，我们从《中国统计年鉴2018》数据库中提取了各地区2017年城镇失业率。

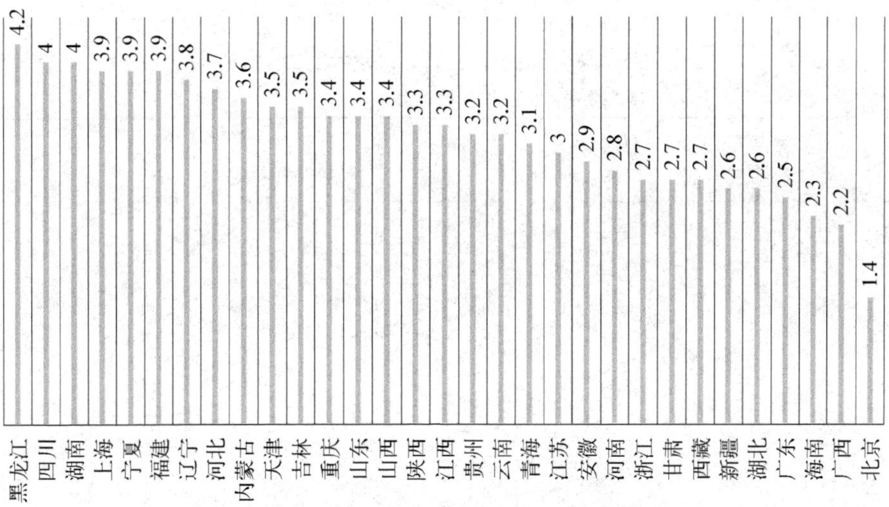

图74　2017年各地区城镇失业率(%)

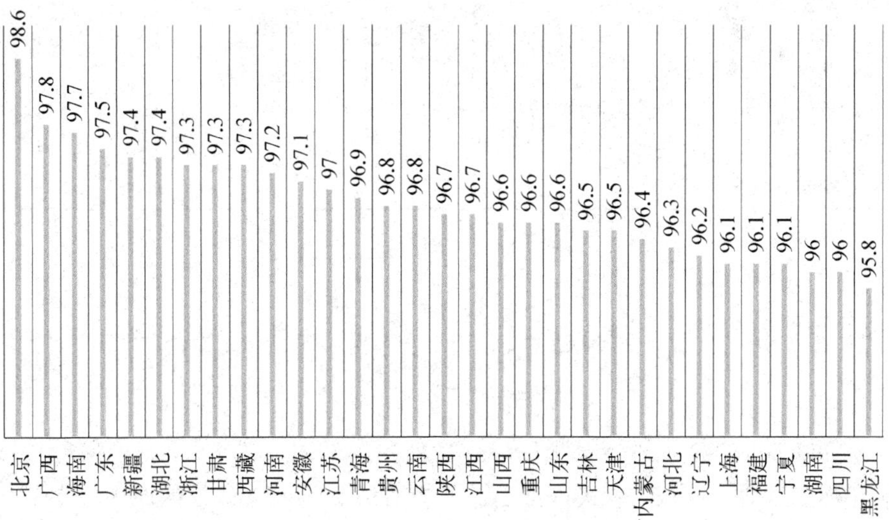

图75　2017年各地区城镇就业率(%)

每百万人口诈骗罪案件发生数排名减去失业率排名不利于直接表现两者之间的关系,因此本报告采取将每百万人口案件发生数排名与各地城镇就业率排名相减。其差值若为正则表明每百万人口案件发生数较少,就业率排名较为靠前,其差值若为负,则表明每百万人口案件发生数较多,但其就业率较低,差值绝对值越接近 0 表示就业率程度与欺诈案件发生情况相差较小,差值绝对值越大则表示就业率程度与欺诈案件发生情况相差较大。

表 99　　　　　　　　2017 年各地区每百万人口案件发生数排名与
各地城镇就业率排名位差

地　区	每百万人口案件数排名	就业率排名	位差	地　区	每百万人口案件数排名	就业率排名	位差
上　海	1	26	−25	安　徽	17	11	6
山　西	2	18	−16	陕　西	18	16	2
吉　林	3	21	−18	湖　北	19	5	14
福　建	4	26	−22	江　西	20	16	4
浙　江	5	7	−2	湖　南	21	29	−8
北　京	6	1	−2	江　苏	22	12	10
辽　宁	7	25	−18	海　南	23	3	20
河　南	8	10	−2	河　北	24	24	0
新　疆	9	5	4	贵　州	25	14	11
青　海	10	13	−3	西　藏	26	7	19
宁　夏	11	26	−15	广　西	27	2	25
甘　肃	12	7	5	重　庆	28	18	10
天　津	13	21	−8	四　川	29	29	0
内蒙古	14	23	−9	山　东	30	18	12
黑龙江	15	31	−16	云　南	31	14	17
广　东	16	4	12				

第二节　诈骗罪犯罪人人数的相关性分析

诈骗罪犯罪人人数是影响居民社会诚信感的重要因素之一,因此分析影响诈骗罪犯罪人人数的相关因素能够分析可能影响社会诚信的原因。本节将各地每百万人口诈骗罪犯罪人人数排名与以下五项因素进行相关性分析,即各地 2017 年生产总值（GDP）、各地人均 GDP、各地区人均可支配收入、各地城镇人口比例及各地区城镇失业率，以此探求诈骗罪犯罪人数的影响因素。

一、诈骗罪犯罪人人数与 2017 年生产总值（GDP）的关系

GDP 的含义如前所述，在此不再赘述。我们将各地区每百万人口犯罪人人数排名与 GDP 的排名相减，得出两者的位差。位差为正表示该地区每百万人口诈骗罪犯罪人数量排名靠后，但 GDP 排名却较为靠前，位差为负表明该地每百万人口诈骗罪犯罪人数量排名较为靠前，而 GDP 排名却靠后；位差绝对值越接近 0 则表示地区生产总值与每百万人口诈骗罪犯罪人数排名较为接近，绝对值接近或大于 10 时则相反。

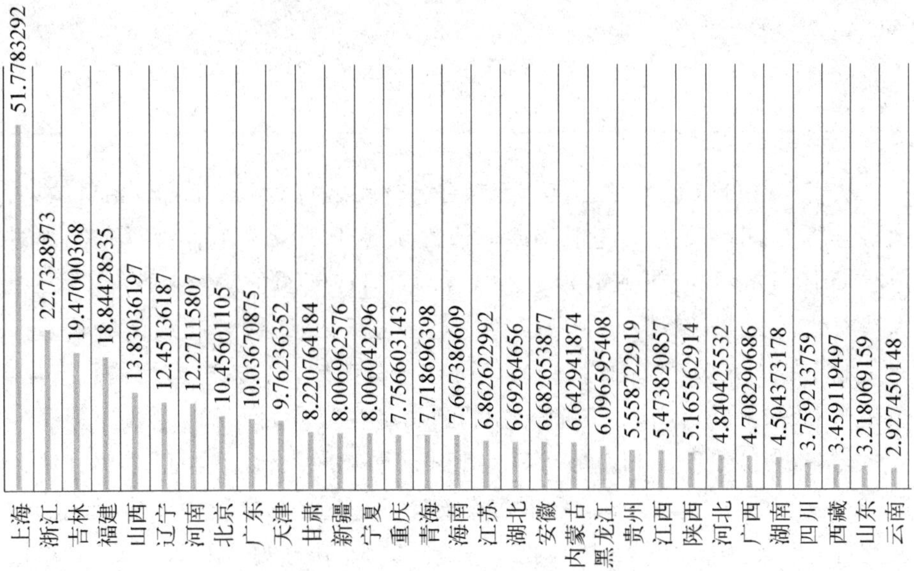

图 76　2017 年每百万人口犯罪人数量

表 100　　2017 年各地区每百万人口犯罪人人数排名与 GDP 的排名位差

地　区	每百万人口犯罪人数量排名	GDP 排名	位差	地　区	每百万人口犯罪人数量排名	GDP 排名	位差
上　海	1	11	—10	吉　林	3	24	—21
浙　江	2	4	—2	福　建	4	10	—6

续表

地 区	每百万人口犯罪人数量排名	GDP排名	位差	地 区	每百万人口犯罪人数量排名	GDP排名	位差
山 西	5	23	−18	安 徽	19	13	6
辽 宁	6	14	−8	内蒙古	20	21	−1
河 南	7	5	2	黑龙江	21	22	−1
北 京	8	12	−4	贵 州	22	25	−3
广 东	9	1	8	江 西	23	16	7
天 津	10	18	−8	陕 西	24	15	9
甘 肃	11	27	−16	河 北	25	8	17
新 疆	12	26	−14	广 西	26	19	7
宁 夏	13	29	−16	湖 南	27	9	18
重 庆	14	17	−3	四 川	28	6	22
青 海	15	30	−15	西 藏	29	31	−2
海 南	16	28	−12	山 东	30	3	27
江 苏	17	2	15	云 南	31	20	11
湖 北	18	7	11				

从表 100 可以看出,我国有 15 个省级行政区每百万人口诈骗罪犯罪人人数排名与 GDP 排名的差值的绝对值大于等于 10,16 个省级行政区绝对值小于 10,这表明我国大部分地区每百万人口诈骗罪犯罪人人数与 GDP 相保持一致。表中前半部分地区两者的差值为负数,表明这些地区每百万人诈骗罪犯罪人人数较多,而 GDP 总量较少,如吉林、山西、甘肃、新疆、宁夏。但是像上海、浙江、河南、广东等地 GDP 总量也靠前,而每百万人诈骗罪人数也较多,可能是受人口基数等其他因素的影响较大;而表中后半部分的大部分地区每百万人口诈骗罪犯罪人人数较少,但 GDP 总量较为靠前,如江苏、河北、湖南、四川和山东,这些地区的社会诚信状况较好。这说明 GDP 总量与每百万人诈骗罪犯罪人人数呈反向关系,大力发展经济可以减少犯诈骗罪的人数。

二、诈骗罪犯罪人人数与 2017 年各地人均 GDP 的关系

人均 GDP 的含义如前所述,在此不再赘述。我们对各地区每百万人口犯罪人人数排名与人均 GDP 的排名进行相减,得出两者的位差,位差为

正表示该地区每百万人口诈骗罪犯罪人数量排名靠后，但人均 GDP 排名
却较为靠前，位差为负表明该地每百万人口诈骗罪犯罪人数量排名较为
靠前，而 GDP 排名却靠后；位差绝对值越接近 0 则表示地区人均生产总值
与每百万人口诈骗罪犯罪人数数排名较为接近，绝对值接近或大于 10 时
则相反。

表 101　　　　2017 年各地区每百万人口犯罪人人数排名与人均 GDP 的排名位差

地　区	每百万人口犯罪人数量排名	人均 GDP 排名	位差	地　区	每百万人口犯罪人数量排名	人均 GDP 排名	位差
上　海	1	2	−1	江　苏	17	4	13
浙　江	2	5	−3	湖　北	18	11	7
吉　林	3	13	−10	安　徽	19	24	−5
福　建	4	6	−2	内蒙古	20	9	11
山　西	5	25	−20	黑龙江	21	26	−5
辽　宁	6	14	−8	贵　州	22	29	−7
河　南	7	18	−11	江　西	23	23	0
北　京	8	1	7	陕　西	24	12	12
广　东	9	7	2	河　北	25	19	6
天　津	10	3	7	广　西	26	28	−2
甘　肃	11	31	−20	湖　南	27	16	11
新　疆	12	20	−8	四　川	28	21	7
宁　夏	13	15	−2	西　藏	29	27	2
重　庆	14	10	4	山　东	30	8	22
青　海	15	22	−7	云　南	31	30	1
海　南	16	17	−1				

从表 101 中可知，我国每百万人口诈骗罪犯罪人人数排名与人均 GDP 排
名差值的绝对值大于等于 10 的地区有 9 个，绝对值小于 10 的地区有 22 个，
这表明全国大部分地区两项指标的排名较为接近，人均 GDP 较高的几个省份
每百万人诈骗罪犯罪人人数也较多，这可能是受到其他因素的影响。但是从
整体分布来看，每百万人犯罪人数排名前十的省份中有 7 个为负值，每百万人
犯罪人数排名后十的省份中有 8 个为正值，这说明人均 GDP 越高，诈骗罪犯
罪人人数会越少，人均 GDP 越低，诈骗罪犯罪人人数会越多。因此进行诚信
社会治理时要注重发展经济，增加人均 GDP 可以减少犯罪人人数，改善社会
的诚信状况。

三、诈骗罪犯罪人人数与 2017 年人均可支配收入的关系

人均可支配收入的含义如前所述,在此不再赘述。我们对各地区每百万人口犯罪人人数排名与人均可支配收入的排名进行相减,得出两者的位差,位差为正表示该地区每百万人口诈骗罪犯罪人数量排名靠后,但人均可支配收入排名却较为靠前,位差为负表明该地每百万人口涉诈骗罪犯罪人数量排名较为靠前,而人均可支配收入排名却靠后;位差绝对值越接近 0 则表示地区人均可支配收入与每百万人口涉诈骗罪犯罪人数排名较为接近,绝对值接近或大于 10 时则相反。

表 102　　2017 年各地区每百万人口诈骗罪犯罪人人数排名与人均可支配收入的排名位差

地　区	每百万人口犯罪人数量排名	人均可支配收入排名	位差	地　区	每百万人口犯罪人数量排名	人均可支配收入排名	位差
上　海	1	1	0	江　苏	17	5	12
浙　江	2	3	−1	湖　北	18	12	6
吉　林	3	18	−15	安　徽	19	16	3
福　建	4	7	−3	内蒙古	20	10	10
山　西	5	23	−18	黑龙江	21	19	2
辽　宁	6	8	−2	贵　州	22	29	−7
河　南	7	24	−17	江　西	23	15	8
北　京	8	2	6	陕　西	24	20	4
广　东	9	6	3	河　北	25	17	8
天　津	10	4	6	广　西	26	26	0
甘　肃	11	30	−19	湖　南	27	13	14
新　疆	12	25	−13	四　川	28	21	7
宁　夏	13	22	−9	西　藏	29	31	−2
重　庆	14	11	3	山　东	30	9	21
青　海	15	27	−12	云　南	31	28	3
海　南	16	14	2				

从表 102 中可以看出,我国有 10 个地区每百万人口涉诈骗罪犯罪人人数排名与人均可支配收入排名的差值绝对值大于等于 10,21 个省级行政区绝对值小于 10,这说明我国大部分地区两个因素之间的关系较为一致。表中诈骗罪犯罪人人数前十的地区差值有 6 个为负值,特别是山西、河南两地的差值达

到了−18、−17，这表明人均可支配收入较低，但是每百万人口涉诈骗罪人人数却较多，而表中诈骗罪人口数排名后 10 的地区的差值 8 个为正值，这表明人均可支配收入越高，每百万人口涉诈骗罪犯罪人人数较少，这表明人均可支配收入一定程度上影响诈骗罪犯罪人人数，但是如上海、浙江、福建、北京、广东均为经济发达地区，人均可支配收入较多，而其每百万人口诈骗罪犯罪人数也较多，可能受其他因素的影响也较大。

四、诈骗罪犯罪人人数与 2017 年城镇人口比例的关系

城镇化比例的意义如前所述，在此不再赘述。我们对各地区每百万人口犯罪人人数排名与城镇人口比例的排名进行相减，得出两者的位差，位差为正表示该地区每百万人口诈骗罪犯罪人数量排名靠后，但城镇化率排名却较为靠前，位差为负表明该地每百万人口诈骗罪犯罪人数量排名较为靠前，而城镇化率排名却靠后；位差绝对值越接近 0 则表示城镇化率排名与每百万人口诈骗罪犯罪人数排名较为接近，绝对值接近或大于 10 时则相反。

表 103　2017 年各地区每百万人口犯罪人数量排名与城镇人口比例排名及位差

地　区	每百万人口犯罪人数量排名	城镇人口比例排名	位差	地　区	每百万人口犯罪人数量排名	城镇人口比例排名	位差
上　海	1	1	0	江　苏	17	5	12
浙　江	2	6	−4	湖　北	18	13	5
吉　林	3	18	−15	安　徽	19	22	−3
福　建	4	8	−4	内蒙古	20	10	10
山　西	5	16	−11	黑龙江	21	12	9
辽　宁	6	7	−1	贵　州	22	30	−8
河　南	7	25	−18	江　西	23	21	2
北　京	8	2	6	陕　西	24	17	7
广　东	9	4	5	河　北	25	19	6
天　津	10	3	7	广　西	26	27	−1
甘　肃	11	29	−18	湖　南	27	20	7
新　疆	12	26	−14	四　川	28	24	4
宁　夏	13	15	−2	西　藏	29	31	−2
重　庆	14	9	5	山　东	30	11	19
青　海	15	23	−8	云　南	31	28	3
海　南	16	14	2				

从表103可以看出,我国每百万人口诈骗罪犯罪人数量的排名与城镇人口比例的排名差值的绝对值大于等于10的省级行政区有8个,绝对值小于10的有23个,这表明我国大部分地区城镇人口比例与每百万人口诈骗罪犯罪人人数联系紧密,城镇化率排名与诈骗罪犯罪人人数排名之间较为一致。吉林、河南、甘肃、新疆四地,差值远远低于-10,这表明这些地区每百万人口诈骗罪犯罪人人数排名远远高于其城镇人口比例的排名,这可能是由于人口基数庞大或位于我国西部经济欠发达地区等多种因素所导致,因此要通过发展经济,推动城镇化,并且解决农民入城的就业问题,以此提高社会的诚信状况。而像江苏和山东,其差值远高于10,这表明这两个地区百万人口诈骗罪犯罪人数较少并且城镇化率较高,社会诚信状况较好。全国大部分地区两者的差值的绝对值小于10且为正值,这表明努力提高城镇化率可以减少每百万人口诈骗罪犯罪人人数,改善社会诚信状况。

五、诈骗罪犯罪人人数与2017年城镇失业率的关系

城镇失业率的含义如上所述,在此不再赘述。我们仍是对各地区每百万人口犯罪人人数排名与城镇就业率的排名进行相减,得出两者的位差,位差为正表示该地区每百万人口诈骗罪犯罪人数量排名靠后,但城镇就业率却较为靠前,位差为负表明该地每百万人口诈骗罪犯罪人数量排名较为靠前,而就业率却靠后;位差绝对值越接近0则表示地区就业率与每百万人口诈骗罪犯罪人数排名较为接近,绝对值接近或大于10时则相反。

表104　2017年各地区每百万人口犯罪人人数排名与城镇就业率排名及其位差

地区	每百万人口犯罪人数量排名	就业率排名	位差	地区	每百万人口犯罪人数量排名	就业率排名	位差
上　海	1	26	-25	广　东	9	4	5
浙　江	2	7	-5	天　津	10	21	-11
吉　林	3	21	-18	甘　肃	11	7	4
福　建	4	26	-22	新　疆	12	5	7
山　西	5	18	-13	宁　夏	13	26	-13
辽　宁	6	25	-19	重　庆	14	18	-4
河　南	7	10	-3	青　海	15	13	2
北　京	8	1	7	海　南	16	3	13

续表

地 区	每百万人口犯罪人数量排名	就业率排名	位差	地 区	每百万人口犯罪人数量排名	就业率排名	位差
江 苏	17	12	5	河 北	25	24	1
湖 北	18	5	13	广 西	26	2	24
安 徽	19	11	8	湖 南	27	29	−2
内蒙古	20	23	−3	四 川	28	29	−1
黑龙江	21	31	−10	西 藏	29	7	22
贵 州	22	14	8	山 东	30	18	12
江 西	23	16	7	云 南	31	14	17
陕 西	24	16	8				

表 104 中显示，我国每百万人口诈骗罪犯罪人人数排名与城镇就业率排名的差值的绝对值大于等于 10 的有 14 个省级行政区，这表明我国大部分地区两者之间的关系较为一致。

第三节　诈骗罪多人犯罪的相关性分析

如前所述，多人犯罪具有组织性、计划性、规模大等特点，多人犯诈骗罪的社会危害性更大，对居民的社会诚信感影响更为强烈，因此考察多人犯罪与哪些因素具有关联性，对于推进社会诚信建设具有积极意义。因此本节将各地多人犯罪占案件总数比例的排名与各地 GDP、人均 GDP、人均可支配收入、各地城镇人口比率和城镇失业率进行比较，以考察其相关性。

一、诈骗罪多人犯罪占比与 GDP 的关系

GDP 的含义如前所述，在此不再赘述。本节是对各地区诈骗罪多人犯罪占案件比例排名与 GDP 的排名进行相减，得出两者的位差。位差为正表示该地区多人犯罪数量排名靠后，GDP 排名却较为靠前，位差为负表明该地区多人犯罪数量排名较为靠前，而 GDP 排名却靠后；位差绝对值越接近 0 则表示地区 GDP 与多人犯罪数排名较为接近，绝对值接近或大于10 时则相反。

表 105　　2017 年各地区诈骗罪多人犯罪占案件比例排名与 GDP 排名及其位差

地 区	多人犯罪占诈骗罪案件数的比例排名	GDP 排名	位差	地 区	多人犯罪占诈骗罪案件数的比例排名	GDP 排名	位差
江 苏	1	2	−1	河 北	17	8	9
重 庆	2	17	−15	江 西	18	16	2
湖 南	3	9	−6	辽 宁	19	14	5
广 东	4	1	3	甘 肃	20	27	−7
浙 江	5	4	1	黑龙江	21	22	−1
安 徽	6	13	−7	云 南	22	20	2
西 藏	7	31	−24	广 西	23	19	4
湖 北	8	7	1	海 南	24	28	−4
福 建	9	10	−1	内蒙古	25	21	4
山 西	10	23	−13	天 津	26	18	8
山 东	11	3	8	新 疆	27	26	1
河 南	12	5	7	宁 夏	28	29	−1
贵 州	13	25	−12	上 海	29	11	18
陕 西	14	15	−1	青 海	30	30	0
吉 林	15	24	−9	北 京	31	12	19
四 川	16	6	10				

从表 105 可知，两者位差值的绝对值大于等于 10 的省级行政区有 7 个，绝对值小于 10 的省份有 24 个，这表明我国大部分地区的多人犯罪占案件比例与各地的 GDP 排名较为一致。重庆、西藏、山西、贵州，两者的差值达到了 −10 以下，西藏地区更是达到了 −23，表明这些地区多人犯罪占案件总数比例高，当地经济发展较为落后，江苏、广东、浙江差值分别为 −1、3、1，三个地区多人犯罪的排名靠前，GDP 排名也靠前，这说明三地经济发展水平较高，但是多人犯罪的概率也较大，可能受其他影响较大，但具体为何种影响还需进一步思考。

二、诈骗罪多人犯罪占比与人均 GDP 的关系

人均 GDP 的含义如前所述，在此不再赘述。在此我们对各地区诈骗罪多人犯罪占案件比例排名与人均 GDP 的排名进行相减，得出两者的位差。位差为正表示该地区多人犯罪数量占比排名靠后，人均 GDP 排名却较为靠前，位差为负表明该地区多人犯罪数量占比排名较为靠前，而人均 GDP 却靠后；位差绝对值越接近 0 则表示地区人均 GDP 与多人犯罪案件数占比排名较为接

近，绝对值接近或大于 10 时则相反。

表 106　　　　　　　　2017 年各地区诈骗罪多人犯罪占案件比例
排名与人均 GDP 排名及其位差

地　区	多人犯罪占诈骗罪案件数比例排名	人均GDP排名	位差	地　区	多人犯罪占诈骗罪案件数比例排名	人均GDP排名	位差
江　苏	1	4	−3	河　北	17	19	−2
重　庆	2	10	−8	江　西	18	23	−5
湖　南	3	16	−13	辽　宁	19	14	5
广　东	4	7	−3	甘　肃	20	31	−11
浙　江	5	5	0	黑龙江	21	26	−5
安　徽	6	24	−18	云　南	22	30	−8
西　藏	7	27	−20	广　西	23	28	−5
湖　北	8	11	−3	海　南	24	17	7
福　建	9	6	3	内蒙古	25	9	16
山　西	10	25	−15	天　津	26	3	23
山　东	11	8	3	新　疆	27	20	7
河　南	12	18	−6	宁　夏	28	15	13
贵　州	13	29	−16	上　海	29	2	27
陕　西	14	12	2	青　海	30	22	8
吉　林	15	13	2	北　京	31	1	30
四　川	16	21	−5				

　　从表 106 可知，两者差值绝对值大于等于 10 的省级行政区有 11 个，小于 10 的有 20 个，这说明我国大部分地区多人犯罪案件发生比例排名与人均 GDP 排名较为一致。有 17 个地区两者的差值为负值，说明多人犯罪案发数占比与人均 GDP 呈反向关系，在多人犯罪占比排名前 10 的地区中，有 8 个差值为负，在多人犯罪占比排名后 10 的地区中，有 8 个差值为正，并且北京、上海、天津等经济发达的地区，多人犯罪案件比例更低。因此大力发展经济，公平进行社会分配，增加人均 GDP，有助于减少多人犯罪的发生率。

三、诈骗罪多人犯罪占比与人均可支配收入的关系

　　人均可支配收入的含义如前所述，在此不再赘述。我们在此对各地区诈骗罪多人犯罪占案件比例排名与人均可支配收入的排名进行相减，得出两者

的位差。位差为正表示该地区多人犯罪数量占比排名靠后,人均可支配收入排名却较为靠前,位差为负表明该地区多人犯罪数量占比排名较为靠前,而人均可支配收入却靠后;位差绝对值越接近0则表示地区人均GDP与多人犯罪案件数占比排名较为接近,绝对值接近或大于10时则相反。

表 107　　　　　　　2017 年各地区诈骗罪多人犯罪占案件比例
排名与人均可支配收入排名及其位差

地　区	多人犯罪占诈骗罪案件数比例排名	人均可支配收入排名	位差	地　区	多人犯罪占诈骗罪案件数比例排名	人均可支配收入排名	位差
江　苏	1	5	-4	河　北	17	17	0
重　庆	2	11	-9	江　西	18	15	3
湖　南	3	13	-10	辽　宁	19	8	11
广　东	4	6	-2	甘　肃	20	30	-10
浙　江	5	3	2	黑龙江	21	19	2
安　徽	6	16	-10	云　南	22	28	-6
西　藏	7	31	-24	广　西	23	26	-3
湖　北	8	12	-4	海　南	24	14	10
福　建	9	7	2	内蒙古	25	10	15
山　西	10	23	-13	天　津	26	4	22
山　东	11	9	2	新　疆	27	25	2
河　南	12	24	-12	宁　夏	28	22	6
贵　州	13	29	-16	上　海	29	1	28
陕　西	14	20	-6	青　海	30	27	3
吉　林	15	18	-3	北　京	31	2	29
四　川	16	21	-5				

从表107可知,两者之间差值绝对值大于等于10的省级行政区有13个,差值绝对值小于10的有18个,这说明诈骗罪多人犯罪案件数占比与人均可支配收入的关系较为一致。表中前半部分两者的位差值多为负数,这说明多人犯罪案件数占比较高,而人均可支配收入相对较少,诈骗罪多人犯罪案件数占比排名前10的地区中有8个差值为负,并且湖南、安徽、西藏、山西四地差值在-10以下,这说明这些地区人均可支配收入较少,多人犯罪数量较多,需要发展经济,提高居民收入以改善社会诚信状况。而表中后半部分两者的位差值多为正值,北京、上海、天津仍是人均可支配收入排名靠前,并且多人犯罪数量靠后,表明多人犯罪案件占比较小,但人均可支配收入相对较高,这启示

我们要提高居民可支配收入，减少多人犯罪的发生率，改善社会诚信状况。

四、诈骗罪多人犯罪占比与城镇人口比率的关系

城镇化率的含义已如前所述，在此不再赘述。我们在此对各地区诈骗罪多人犯罪占案件比例排名与城镇人口比例的排名进行相减，得出两者的位差，位差为正表示该地区多人犯罪数量占比排名靠后，城镇人口比例排名却较为靠前，位差为负表明该地多人犯罪数量占比排名较为靠前，而城镇人口比例排名却靠后；位差绝对值越接近 0 则表示地区城镇人口比率与多人犯罪案件数占比排名较为接近，绝对值接近或大于 10 时则相反。

表 108　2017 年各地区诈骗罪多人犯罪占案件比例排名与城镇人口比例排名及其位差

地　区	多人犯罪占诈骗罪案件数比例排名	城镇人口比例排名	位差	地　区	多人犯罪占诈骗罪案件数比例排名	城镇人口比例排名	位差
江　苏	1	5	−4	河　北	17	19	−2
重　庆	2	9	−7	江　西	18	21	−3
湖　南	3	20	−17	辽　宁	19	7	12
广　东	4	4	0	甘　肃	20	29	−9
浙　江	5	6	−1	黑龙江	21	12	9
安　徽	6	22	−16	云　南	22	28	−6
西　藏	7	31	−24	广　西	23	27	−4
湖　北	8	13	−5	海　南	24	14	10
福　建	9	8	1	内蒙古	25	10	15
山　西	10	16	−6	天　津	26	3	23
山　东	11	11	0	新　疆	27	26	1
河　南	12	25	−13	宁　夏	28	15	13
贵　州	13	30	−17	上　海	29	1	28
陕　西	14	17	−3	青　海	30	23	7
吉　林	15	18	−3	北　京	31	2	29
四　川	16	24	−8				

从表 108 可知，两者之间差值绝对值大于等于 10 的省级行政区有 12 个，小于 10 的有 19 个，这说明诈骗罪多人犯罪案件数占比与城镇人口比例的关系较为一致。表中前半部分两者的位差值多为负数，湖南、安徽、西藏的城镇

化率较低,多人犯罪的占比却较高,而表中后半部分两者的位差值多为正值,北京、上海和天津,城镇化率处在最靠前的水平,多人犯罪占比处在靠后的水平。这启示我们要推动城市化,解决居民在城市的就业问题,改善居民生活水平,减少多人犯罪的发生率,改善社会诚信状况。

五、诈骗罪多人犯罪占比与城镇失业率的关系

城镇失业率的含义如上所述,在此不再赘述。我们仍是对各地区诈骗罪多人犯罪案件数占比排名与城镇就业率的排名进行相减,得出两者的位差。位差为正表示该地区诈骗罪多人犯罪案件数占比排名靠后,但城镇就业率却较为靠前,位差为负表明该地诈骗罪多人犯罪案件数占比排名较为靠前,而就业率却靠后;位差绝对值越接近 0 则表示地区就业率与诈骗罪多人犯罪案件数占比排名较为接近,绝对值接近或大于 10 时则相反。

表 109　　　　　　2017 年各地区诈骗罪多人犯罪案件数占比
排名与城镇就业率排名及其位差

地 区	多人犯罪占诈骗罪案件数比例排名	城镇就业率排名	位差	地 区	多人犯罪占诈骗罪案件数比例排名	城镇就业率排名	位差
江 苏	1	12	−11	河 北	17	24	−7
重 庆	2	18	−16	江 西	18	16	2
湖 南	3	29	−26	辽 宁	19	25	−6
广 东	4	4	0	甘 肃	20	7	13
浙 江	5	7	−2	黑龙江	21	31	−10
安 徽	6	11	−5	云 南	22	14	8
西 藏	7	7	0	广 西	23	2	21
湖 北	8	5	3	海 南	24	3	21
福 建	9	26	−17	内蒙古	25	23	2
山 西	10	18	−8	天 津	26	21	5
山 东	11	18	−7	新 疆	27	5	22
河 南	12	10	2	宁 夏	28	26	2
贵 州	13	14	−1	上 海	29	26	3
陕 西	14	16	−2	青 海	30	13	17
吉 林	15	21	−6	北 京	31	1	30
四 川	16	29	−13				

从表 109 可知，两者之间差值绝对值大于等于 10 的有 12 个，这说明我国大部分地区诈骗罪多人犯罪案件数占比与城镇就业率的关系较为一致。表中前半部分两者的位差值多为负数，这说明多人犯罪案件数占比较高，而城镇就业率相对较低，而表中后半部分两者的位差值多为正值，表明多人犯罪案件占比较小，但城镇就业率相对较高。但由于我国各地城镇就业率差异不大，因此两者之间的关系并不能反映通过就业率提升必然能够减少多人犯罪的发生率，但是从常识的角度来看，我们要继续维持就业率的稳定，重视失业问题，采取一系列措施，引导失业人群朝着健康、稳定的方向发展，减少因失业产生的社会问题和法律问题，改善社会诚信状况。

第三章　北上广深四城市诈骗罪
发生状况比较

北京、上海、广州、深圳是我国公认的四大一线城市,在经济发展水平、人口数量、居民消费水平等方面差距不大,并且分别分布于我国京津冀、江浙沪、珠三角三个经济发达地区,代表了我国不同地区的经济发展前沿。身为地区的"领头羊"其社会诚信状况也反映本地区经济发展条件,营商环境和居民幸福感的高低,因此比较四地诈骗罪发生状况,对于了解我国不同地区社会诚信状况,针对不同经济结构和地域差异做出具有针对性改善社会诚信状况的措施也具有参考意义。

第一节　四大一线城市诈骗罪案件发生率

表 110　　　2017 年四大一线城市总 GDP、人均 GDP、城镇化率统计

	GDP(亿元)	人均 GDP(元)	城镇化率(%)
上　海	30 632.99	126 634	87.7
北　京	28 014.94	128 994	86.5
广　州	21 503.15	150 678	86.14
深　圳	22 490.06	183 127	100

表 111　　　2017 年四大一线城市诈骗罪案件发生数、
人口数、每百万人口案件发生数统计

	案件发生数(件)	人口数(百万)	每百万人口案件发生数(件)
上　海	1 062	24.18	43.920 595 53
北　京	247	21.71	11.377 245 51
广　州	118	14.5	8.137 931 034
深　圳	79	12.53	6.304 868 316

　　从表 110 中可以看出，上海和北京在 GDP 总数和人均 GDP 方面差距不大，广州和深圳差距不大，并且四地的城镇化率都非常高，均在 85％之上，但是诈骗罪的发生率各地的差距非常大，虽然上海 GDP 总量最高，达到了三万亿元，比广州和深圳高出八千亿元左右，但是其案件发生数却是广州的近十倍、深圳的十三倍，并且其百万人口案件发生数也是广州的 5.3 倍，深圳的约 7.1 倍，而北京的经济发展程度与上海相近的情况下，案件发生数却不足上海的三分之一，每百万人口案件发生数仅为上海的四分之一，这种现象非常奇怪，上海的诈骗罪发生率为何远远高于其他三大一线城市。在经济发展程度相近的广州和深圳，深圳的案件发生数和每百万人口案件发生数也少于广州。

第二节　四大一线城市诈骗罪犯罪人指数

表 112　　　　　　　　　　2017 年四大一线城市诈骗罪犯罪人数、
人口数及每百万人口诈骗罪犯罪人数量

	犯罪人数量	人口数（百万）	每百万人口诈骗罪犯罪人数量
上　海	1 252	24.18	51.778
北　京	227	21.71	10.456
广　州	206	14.5	14.206
深　圳	125	12.53	9.976

　　从表 112 中可以看出犯罪人数量与案件发生数的多少基本一致，上海在案件发生数方面仅为北京的四倍，广州的十倍，深圳的十三倍，但是犯罪人数量却为北京的五倍，广州的六倍，深圳的十倍，这表明上海不仅诈骗罪发生数多，而且犯诈骗罪的人也多，公众诚信感会更低。

第三节　四大一线城市诈骗罪数额分布

表 113　　　　　　　　　2017 年四大一线城市诈骗罪数额分布情况

	数额较大	数额巨大	数额特别巨大
上　海	501（56％）	295（33％）	96（11％）
北　京	29（15％）	62（31％）	109（54％）

续表

	数额较大	数额巨大	数额特别巨大
广 州	28(25%)	39(35%)	44(40%)
深 圳	26(41%)	20(32%)	17(17%)

诈骗罪的数额也会严重影响公众的社会诚信感,并且会对定罪量刑产生决定性的影响。观察四地不同诈骗罪数额的比例,各地都自有特点,上海数额较大案件占到案件发生数的五成,数额巨大案件的发生数也较多,但是数额特别巨大案件的发生数较少,在诈骗罪案件数总量远远大于北京的情况下,北京的数额特别巨大诈骗罪发生数高于上海。北京的数额分布也更具有特点,其数额较大案件的占比很小,但是特别巨大的案件发生数却占到五成,这个现象非常奇怪,这表明在北京发生的诈骗罪很大概率诈骗金额会非常巨大,造成的损失和公众诚信感的丧失也会非常巨大。广州诈骗罪数额的分布相对其他三地较为均衡,但是数额特别巨大诈骗罪发生数仍然占到四成。深圳的案件分布也较为均衡,数额较大的案件占比达到了41%,而其他两类数额各自占比为32%和17%左右,这说明深圳不仅案件发生数较少,并且损害程度也较低。

第四节　四大一线城市单人、多人犯罪指数

表 114　　2017 年四大一线城市单人、多人犯罪数量及比例统计

	案件总数(件)	单人犯罪(件)	多人犯罪(件)	多人犯罪比例(%)
上 海	1 062	650	412	38.80
北 京	256	173	83	32.42
广 州	118	59	59	50.00
深 圳	79	29	50	63.30

多人犯罪和单人犯罪也是影响社会诚信感的重要因素,多人犯罪由于其组织性、计划性和人数较多等特点,社会危害性也较大,因此,统计多人犯罪案件占案件数的比例也是反映各地社会诚信状况的指标。在四大一线城

市多人犯罪案件占比中,广州和深圳的多人犯罪达到了案件总数的五成以上,可见这些地区的案件多数为多人犯罪,深圳的案件总数较小,诈骗罪数额较少,但是其案件的多人犯罪的比例最大,达到了 63.30％,而上海和北京多人犯罪的比例却只有 30％到 40％之间,这说明不同地区诈骗罪的发生情况各有其特点。

第五节　四大一线城市诈骗罪数罪并罚指数

表 115　　　　　　　　**2017 年四大一线城市诈骗罪数罪并罚数量统计**

地　区	数罪并罚(件)	非数罪并罚(件)
上　海	38	1 214
北　京	6	221
广　州	2	116
深　圳	0	79

在案件的犯罪人是否构成数罪并罚中,可以看出四地数罪并罚案件占案件比例都非常小,深圳甚至在 2017 年度未有数罪并罚的诈骗罪案件,因此可以看出四大一线城市诈骗罪的犯罪较为单一,未结合其他犯罪增大诈骗罪的社会危害程度。

第六节　总　　结

综合上述五项指标来看,上海的诈骗罪发生数和犯罪人数量都是最多的,而北京的数额特别巨大的诈骗罪数量最多,因此上海和北京两地的社会诚信状况都有待改善。但是两地需要侧重的整治重点不同,上海需要加强诚信宣传,提高公众的防诈骗意识,减少公众身边的轻微诈骗行为,增强公众的社会诚信感;而北京则需要采取更为严密的监管手段,联合银行等金融机构,针对非正常的交易活动进行判断,减少数额特别巨大诈骗罪发生的概率,减少因诈骗所造成的损失,增强公众的社会诚信感。广州和深圳的社会诚信度在四大一线城市中处于较好的情况,特别是深圳,深圳可以将自己进行社会诚信治理的方式向全国推广,输出社会诚信治理经验,带动其他地区进行社会诚信建设,但是广州和深圳也要注意诈骗罪构成中多人犯罪的占比较高的问题。

第四章　建设诚信社会的意见和建议

通过以上分析可知,每个地区社会诚信状况受多种因素影响,并且主导因素并不相同,进行诚信社会建设要因地制宜,根据不同的诚信问题采取不同的对策。经济较为发达的人口流入地区,进行社会诚信建设时要注意对外来人口诚信教育的开展,如上海、浙江、江苏;经济较为落后的地区,解决诚信问题最为根本的方法还是大力发展经济,提高居民的可支配收入,提高人民的生活水平,并在进行经济建设的同时,也要加强对公民的诚信教育,实现物质和思想的共同进步。

针对数额较大的案件数、3 年以下有期徒刑比例或适用缓刑案件较多的地区,由于诈骗罪的犯罪情节较轻,因此对社会诚信状况进行改善的潜力也更大,并且成本也较低。在进行诚信社会治理的过程中要加强诚信教育宣传,形成信守承诺、遵纪守法的良好社会风尚,使想违法的人不敢违法,增强普通民众的自我保护意识,改善社会诚信状况。针对数额巨大和数额特别巨大案件数量较多的地区,其进行社会治理需要更大和更加持久的投入。经济贫困地区要大力发展经济,改善居民生活水平,大力推动城镇化建设,解决新入城农民的就业问题,加大针对农村地区的精准扶贫力度,更需要建立和完善社会信用体系,并加强对失信行为的惩戒力度,用制度来对失信行为进行约束。

对于个人来说,民众要增强诚信意识,既要严格要求自己信守承诺,又要增强自身的防诈骗意识,在遇到诈骗时要运用法律武器,通过司法力量实现自己权利的保障;对于企业来说,在经济活动的开展中要严格遵守契约精神,诚信经营;对于政府而言,要加快建设和完善社会信用体系,提高社会诚信的宣传力度,提高自身的诚信度,为社会诚信树立良好的标杆,并且针对不诚信行为进行多维度的打击。诚信建设并非一日之功,需要每个社会主体不断地去践行,使得诚实守信形成习惯,为实现中华民族的伟大复兴和中国梦的实现助添新的动力。

后　记

　　诚信社会司法指数研究源于 2017 年。该项研究的目的，是通过法院案例的梳理，对某一领域内的基本状况加以掌握，查明存在的问题，进而提出可能的解决方案和建议。

　　这一结合了学科和智库研究两方面特征的工作，对于我们而言，是一项全新的挑战。从研究一开始，如何设定标准、收集数据，如何对数据进行排序比较、分析研究等一系列工作，都是从前没有接触过的。在研究过程中，为了克服研究工具、研究方法上的不足，我们借鉴并学习了一些社会科学的分析和研究方法，同时也请教了上海社会科学院社会学所相关研究人员。通过各种努力，我们试图解决本项研究中遇到的各种问题。尽管如此，由于时间较短，同时也有跨专业所导致的知识和方法上的不足，本书仍然显得较为粗浅和不够成熟。但是我们相信，在学术研究的道路上，只有不断地坚持和积累，才能够逐步克服知识上、方法上的诸多不足。

　　正是本着这一理念，我们将这不完善的研究报告提交出来，以获得学界同仁以及社会各方的批评指正。在此，要感谢上海交通大学凯原法学院叶必丰教授，正是在他的倡导下，我们才能够展开此项研究，并在研究的全过程获得了他的诸多指导，这让课题组受益匪浅。同时，也要感谢上海社会科学院法学研究所姚建龙所长的大力支持，使课题组能够对既有的研究进行打磨和修改，从而以相对完善的形式将该项成果呈现出来。在此，我们还要对给予本项研究无私支持与帮助的学者、专家以及相关人士，表示我们诚挚的谢意。本项研究及其相关观点，由本课题组承担责任，我们也恳请各位读者对我们的研究提出宝贵的意见和建议。我们坚信，学术研究需要不断完善，只要勤奋努力，假以时日，即使是一颗小小的种子，也会生根发芽，终有一天会成长为郁郁葱葱的参天大树。谨以此记之。

上海社会科学院诚信社会司法指数课题组

2020 年 2 月 11 日

图书在版编目(CIP)数据

诚信社会的司法指数研究. 2019 / 孙大伟等著 .——
上海 ：上海社会科学院出版社，2020
ISBN 978 - 7 - 5520 - 3208 - 6

Ⅰ. ①诚…　Ⅱ. ①孙…　Ⅲ. ①司法制度—研究—中国
— 2019　Ⅳ. ①D926

中国版本图书馆 CIP 数据核字(2020)第 106194 号

诚信社会的司法指数研究(2019)

著　　者：孙大伟 等
责任编辑：王　睿
封面设计：黄婧昉
出版发行：上海社会科学院出版社
　　　　　上海顺昌路 622 号　邮编 200025
　　　　　电话总机 021 - 63315947　销售热线 021 - 53063735
　　　　　http://www.sassp.cn　E-mail：sassp@sassp.cn
排　　版：南京展望文化发展有限公司
印　　刷：江苏凤凰数码印务有限公司
开　　本：710 毫米×1010 毫米　1/16
印　　张：13.5
插　　页：1
字　　数：224 千字
版　　次：2020 年 8 月第 1 版　　2020 年 8 月第 1 次印刷

ISBN 978 - 7 - 5520 - 3208 - 6/D · 585　　　　定价：75.00 元